Responsabilidade do
Prefeito Municipal

M623r Michel, Voltaire Missel
Responsabilidade do prefeito municipal / Voltaire Michel. — Porto Alegre: Livraria do Advogado, 1998.
110p.; 14x21 cm.

ISBN 85-7348-056-4

1. Administração municipal: Prefeito. 2. Prefeito: responsabilidade. I. Título.

CDU 352.075.31:347.51

Índices para catálogo sistemático

Administração municipal: Prefeito
Prefeito: responsabilidade

(Bibliotecária responsável: Marta Roberto, CRB 10/652)

Voltaire Michel

Responsabilidade do
Prefeito Municipal

livraria
DO ADVOGADO
editora

Porto Alegre 1998

Capa, projeto gráfico e diagramação
Livraria do Advogado / Valmor Bortoloti

Revisão
Rosane Marques Borba

Direitos desta edição reservados por
Livraria do Advogado Ltda.
Rua Riachuelo, 1338
90010-273 Porto Alegre RS
Fone/fax: (051) 225 3311
E-mail: liv_adv@portoweb.com.br
Internet: http://www.liv-advogado.com.br

Impresso no Brasil / Printed in Brazil

Em memória de minha mãe
Maria Conceição Missel Assumpção.
A meu filho *Voltaire de Freitas Michel*
e *Laura Miller,* incentivadores e
colaboradores

Prefácio

Hoje, entre os agentes políticos, os que estão submetidos aos mais severos mecanismos de controle externo são, sem dúvida, os Prefeitos Municipais.

Sua atividade se exerce junto aos administrados, em regra, face a face, porque diz ela com o quotidiano das pessoas. Por isso mesmo, a cobrança é diária, direta e pessoal. Vale dizer, então, que o controle da opinião pública passa a ser, também, frontal.

Por outro lado, porque assim o quis a Constituição da República, o cidadão está mais próximo do Ministério Público e de seus órgãos de defesa comunitária, e a facilidade de acesso faz com que seus problemas sejam levados para ser equacionados em Juízo por meio das ações de defesa do consumidor, sem falar das ações populares, dos mandados de segurança coletivos, das ações diretas de inconstitucionalidade de ato normativo, de todos os instrumentos processuais, enfim, que hoje estão ao seu alcance e geram o fenômeno conhecido por "judicialização" da vida pública, tudo a configurar, sem que se perceba com clareza, a passagem da democracia representativa para a democracia participativa, característica do pós-modernismo, na qual o cidadão, considerado individualmente, passa, de sujeito passivo, a sujeito ativo de sua história. E tudo isso reflui, em primeiro lugar e mais intensamente, nos limites em que vive: o Município.

Convém, ainda, seja anotado que, nos âmbitos federal e estadual as divergência políticas são de ordem ideológica ou estratégica. Dentro deste espaço, as oposições vão se aglutinando e reaglutinando, sempre com a observância de certas regras, guiadas por juízos de conveniência e oportunidade impostos pela dinâmica da vida política. Por conseguinte, a fiscalização que elas exercem sobre os administradores é previsível e observa uma certa e peculiar lógica. Mas no âmbito da política municipal, as coisas se processam num outro contexto, com motivações diversas, pois têm um caracter mais pessoal. No município, na luta por espaço político, seja dentro dos partidos, seja fora deles, os vínculos entre líderes e liderados, ou entre administradores e administrados, resultam de uma trama de condutas entretecida por interesses e valores materiais imediatos, compostos, de acordo com as circunstâncias, pela empatia ou por consensos momentâneos que se legitimam por um discurso meramente retórico, no qual o apelo aos sentimentos deixa a racionalidade e a lógica de lado. Enfim, no âmbito do município, a oposição é marcada pelo individualismo exacerbado; por isso mesmo, mais exacerbada, mais direta e mais pessoal, sem a razoabilidade desejável.

Também o controle externo que o Tribunal de Contas exerce sobre os municípios produz um fenômeno que merece ser cuidadosamente analisado pelos estudiosos. O universo do município é infinitamente menor do que o da União e bem menor do que o dos Estados (não me refiro às megalópolis). Embora assim seja, a ótica e as medidas com que são examinadas as irregularidades dos atos administrativos, financeiros e contábeis federais, estaduais ou municipais são as mesmas, porque a legislação é a mesma. Mas essa ausência de adequação das medidas entre o macrocosmo e o microcosmo pode gerar, e gera, graves distorções. Para os funcionários altamente especializados dos Tribunais de Contas, a violação de uma regra formal, uma irregularidade em suma, é sempre irregularidade, não importa se se verifica na compra de uma lanterna ou de uma usina de luz. Não é atribuição sua, ao registrá-las, formular juízos de valor. Esta competência é de quem vai julgá-las. E esses, com estrita observância dos princípios, não distinguem onde a lei não distinguiu.

A tudo isto adiciona-se a existência de uma Coordenadoria dos Prefeitos Municipais, órgão do Ministério Público especialmente criado para fiscalizar a conduta do administrador, que abre para os cidadãos, e para o próprio Tribunal de Contas, um foro novo do qual, até então, não dispunham, para questionar-lhes os atos. Surge, assim, após a nova Constituição, mais um órgão de controle externo dos municípios que vai atuar numa província em que as questões institucionais, políticas, administrativas e jurídicas, especialmente as criminais, não tem limites precisos, e que, por isso mesmo, vão sendo definidas e redefinidas a partir do caso concreto, criando um clima de insegurança para todos, pois a única bússola é a esperança de que os princípios extraídos dos precedentes judiciais sejam observados.

A partir de tais considerações é que foi instituída, no Tribunal de Justiça do nosso Estado, uma Câmara especialmente para tal fim. Na verdade, destina-se ela a ser o órgão de cúpula do sistema de controles externos. Sua grande função é a de dar vida ao princípio constitucional de freios e contrapesos, com experiência e sabedoria suficientes para criar, pela observância dos precedentes que vai estabelecendo, um conjunto normativo capaz de balizar a conduta funcional dos agentes políticos municipais e dar àquelas questões os limites pragmáticos que a lei, por ser geral e abstrata, não lhes pode dar. Uma Câmara julgadora, enfim, com julgamentos previsíveis e ciente de que, elevada que foi à categoria constitucional de instituição política, pode ela própria criar fatos políticos e influir na vida política, sem, entretanto, imiscuir-se na política.

Por aí se vê a quanto os agentes políticos municipais estão expostos: dos caprichos de um cidadão comum à experiência e sensibilidade de um Tribunal composto por Juízes. Mas todos - seres humanos imperfeitos e contingentes que somos - sempre sujeitos a errar.

Fiz todas as considerações para dizer que constitui uma grande honra apresentar ao público a obra *Responsabilidade do Prefeito Municipal*, de Voltaire Missel Michel, por sua importância e porque ela preencherá uma lacuna hoje existente para os lidadores do Direito e para os administradores municipais.

O autor é advogado militante, por conseguinte, sua obra ministra conhecimentos necessários aos que atuam nesta área, fazendo a indispensável fusão entre a teoria e a prática. Mas não se trata de um livro exclusivamente técnico; a ele o autor acrescenta sua experiência política, como homem de partido que é hábil na arte da articulação e do entendimento. E, o que é mais importante, acrescenta sua experiência como administrador municipal, pois em razão dessa atividade teve de se submeter a todos os controles externos existentes. Portanto, quando deles fala, sabe o que está dizendo.

Luiz Melíbio Uiraçaba Machado

Sumário

1. Introdução

Prezado Leitor!

Durante anos, percebi o dilema daqueles que são investidos nos cargos públicos, especialmente os que recebem tal encargo pela outorga popular.

Tendo ocupado cargos burocráticos na função pública desde a mais tenra idade, como Diretor da Escola Normal Municipal de São Jerônimo, bem como administrador da Escola Estadual de 1º e 2º Graus São Jerônimo, tudo isto na década de 1970, organizei alguns conhecimentos relacionados com a coisa pública.

Apesar de contar à época com 22 anos de idade, tinha sob minha responsabilidade um quadro considerável de professores, em torno de 40, e de alunos, por volta de 400 (cujo número foi aumentando gradativamente; em conseqüência, as responsabilidades de administrador cresceram da mesma forma).

A partir daquele momento, aos poucos percebi os interesses conflitantes, entre pais e professores, entre os professores, entre direção e quem lhe nomeou para aquela função (inicialmente cargo de confiança do Município de São Jerônimo, posteriormente pelo Governo do Estado, quando extinta a Escola Normal Municipal, e criada em seu lugar a Escola Estadual de 1º e 2º Graus no município de São Jerônimo).

A esta altura, o leitor poderia perquirir-se das razões que me levam a tecer comentários sobre a administração escolar, dentro de uma obra que pretende abordar as responsabilidades do Prefeito Municipal.

É porque o Município, sob a administração do Prefeito, não deixa de ser uma grande Escola, onde sua missão, além de lidar com problemas interligados com as Finanças Públicas Municipais e eleger prioridades em seu programa governamental, também é a de conselheiro, de disciplinador de tudo, ou quase tudo o que ocorre em seu território.

Entretanto, retomando o tema, após estas considerações preliminares, ressalte-se, por oportuno, que ocupei o cargo de Diretor Administrativo da Companhia Rio-Grandense de Mineração, no ano de 1986. Naquela função, percebi, à época, uma frustração incontida de meus subordinados. Ora por parte dos engenheiros, pretendendo equiparação aos profissionais lotados nos órgãos públicos subordinados à mesma Secretaria de Estado de Minas, Energia e Comunicações, como a CEEE e a CRT. Da mesma forma, os mineiros, que são a ponta de lança na extração do carvão, requeriam direitos iguais aos concedidos aos mineiros da concorrente privada.

Curiosamente, naquela função, à época, percebi que a Companhia a qual prestava meu serviço era a única sob o guarda-sol do Poder Público, que deveria agir com competitividade no mercado, através de uma matéria-prima de produção que é o carvão.

Isto é, ao lado da CRM, que lutava e ainda luta com as regras do Poder Público, no que diz respeito à admissão de empregados, através de concursos, e demissão, com sindicância, inquérito etc. O mesmo não acontece com a empresa privada concorrente que agia e age com a filosofia de uma empresa particular, quer dizer, o trabalhador, não demonstrando competência, é demitido sumariamente sem outras formalidades, o que não poderia nem pode ocorrer na empresa em que exercia as funções de Diretor Administrativo. Não só pelas regras impostas pelo Poder Público, mas também pelas pressões políticas advindas de todos os lados.

Da mesma forma, percebi, por outro lado, que tanto a CRT, quanto a CEEE, à época, não competiam no mercado, porque são protegidas pelo monopólio, cujo instituto começa a ser extirpado da Administração Pública.

Donde se conclui que dos três órgãos públicos subordinados à Secretaria de Energia, Minas e Comunicações, tão-somente a CRM necessitava competir no mercado, subordinada às regras do Poder Público. Tal fato sempre emperrou seu desenvolvimento, com um verdadeiro descompasso com a sua concorrente que, por ser particular, livremente praticava e pratica seus atos visando tão-somente ao lucro. Note-se aqui a dificuldade de implantar no país o chamado Estado Empresarial. Isto é, empresas públicas de cunho empresarial, no sentido de ter em mira a sua produção. E por que isso não acontece? Ou, pelo menos, não tem sido possível nos últimos tempos?

Face às ingerências políticas, face às regras que engessam suas administrações.

Aproveitei estas considerações preliminares para alertar o leitor que tais problemas são freqüentes na administração pública. E, às vezes, com o intuito de mostrar serviço, o administrador atropela leis que regem a administração pública, tais como, concursos públicos, licitações etc. Mas tais atitudes, por vezes, não são dolosas, mas sobretudo no interesse de dinamizar a administração, cortando as correntes do formalismo. Entretanto, logo ali o Administrador, face a estas atitudes, é penalizado pelo Tribunal de Contas, ou mais adiante, pelo Tribunal de Justiça.

Ocupei também a cadeira de vereador pela extinta ARENA, junto à Câmara Municipal de Vereadores de São Jerônimo, entre os anos de 1976 e 1982.

Percebi, naquele estágio no Legislativo, o total despreparo da Edilidade. E talvez seus membros ainda não se alertaram de suas funções.

Os atos legislativos não se constituem tão-somente em aprovar ou reprovar projetos, apresentar proposições, ou discursar na tribuna.

As funções de legislador vão além daquelas acima enumeradas. Cabe ao vereador analisar a conduta do Executivo, apreciar suas contas, aprová-las ou rejeitá-las.

Por vezes, percebi que no momento da análise das contas do Prefeito, correspondente a seu exercício, sequer o edil apreciava detidamente as referidas contas, não refletindo que essa eventual rejeição acarretaria a remessa do resultado aprovado na Câmara de Vereadores ao representante do Ministério Público, e em conseqüência, iniciando a *via crucis* do Administrador Municipal.

Diga-se de passagem, que uma atitude mal-tomada pela edilidade pode destruir a vida pessoal daquele que ocupa o cargo de Prefeito.

O edil, na análise das contas do Executivo, deveria assessorar-se de um profissional da área contábil, uma vez que na maioria das vezes o vereador não tem competência profissional para tanto.

Não que se pretenda exigir que a edilidade seja composta por uma elite. Tal idéia é praticamente impossível, uma vez que é contradita com a filosofia democrática, que autoriza a presença na vida política de todos os cidadãos, desde que obedecidos alguns requisitos legais, objetivos constitucionais e previstos na legislação eleitoral.

Todavia, tal matéria será oportunamente apreciada.

Exerci, a partir de 1983, o cargo de Vice-Prefeito de São Jerônimo, e a função de Prefeito em 1987/1988, face à morte de seu titular.

Aqui, exatamente nesta época, aprendi, sobremaneira, vários aspectos que dizem respeito à administração pública, no que tange ao funcionamento da máquina administrativa, bem como a de distritos, licitações, oscilações de Receita e Despesas, enfim, aspectos que serão considerados de forma superficial neste trabalho, embora o tenha chamado de obra, não deixa de ser um modesto ensaio de caráter prático.

Por tudo isso, acredito que a bagagem adquirida perante a administração pública, em pouco tempo, e iniciada em minha juventude, servirá ao leitor. Não como um acréscimo à sua cultura literária, mas tão-somente como apresentação sucinta de experiências úteis aos que exercem a função pública.

1.1. Finalidade da Obra

Ao longo do tempo em que, por dever de função, lidei com assuntos pertinentes à Administração Pública, percebi em muitas pesquisas a meus questionamentos que as obras que tratam da matéria possuem uma dosagem excessiva de teoria. Tal fato, constatei, de igual forma, no exercício da advocacia, em defesa de clientes com problemas na gestão da coisa pública.

Quando me refiro ao termo "dilema dos administradores públicos", pretendo dizer que este dilema é representado por uma série de dúvidas que preocupa principalmente o Prefeito Municipal.

E por que isso acontece?

Porque o Direito Administrativo, assim como os demais ramos do direito positivo, sofre uma série de interpretações, que por vezes confundem o administrador e, na maioria dos casos, inclusive a sua assessoria. O dilema que é representado por dúvidas cotidianas ocasiona uma angústia tal que só o cidadão que viveu o cargo de Prefeito Municipal poderia explicar.

A todo momento, aquele que é investido do cargo de Prefeito questiona-se sobre a conduta correta no encaminhamento dos Projetos de Leis no Poder Legislativo, e após, resolvido parcial ou definitivamente este problema, surgem outros, tais como: sanção e promulgação da lei, ou então, como justificar o veto a um projeto de lei, enfim, dos questionamentos mais simples aos mais complexos, sempre existem dúvidas a respeito do caminho correto a trilhar pelo Administrador Público Municipal.

Tudo isso, sem contar com a imprecisão de conceitos que pode transformar o mundo do Prefeito Municipal em uma angústia sufocante. Isso ocorre também no orçamento municipal, quando surgem dúvidas a respeito do que seja realmente uma *despesa pública.*

Por vezes, o conceito de despesa pública transforma-se em manifestações subjetivas ora do Tribunal de Contas, ora da própria jurisprudência. No entanto, só o Prefeito que enfrentou este problema poderá aquilatar a insegurança de que é envolvido, pois entende que deva fazer tal despesa por considerá-la pública. De repente, o Egrégio Tribunal de Contas não partilha do mesmo conceito, impugnando a conta do Executivo.

No entanto, só quem viveu o dia-a-dia como primeiro mandatário de um município é que verifica com detalhes as carências encontradas em seu território.

Por outro lado, há um conceito generalizado no país de que os Prefeitos não precisam ser dotados de alto nível cultural, basta que tenham bons assessores. Entretanto, tal afirmação é relativa.

O Prefeito que não tem os mínimos conhecimentos de Administração Pública corre o risco de "comer pelas mãos dos outros", como diz o linguajar popular.

E aqui, exatamente, localiza-se um perigo considerável ao Administrador Público Municipal, pois se de um lado não consegue entender a terminologia usada em obras de Administração Pública, não só por ser leigo na matéria, mas também pela complexidade de que é dotado o Direito Público, por outro lado socorrer-se-á de seus assessores, e aí é fundamental o aspecto *confiança.*

Infelizmente, a cada dia torna-se mais difícil a confiabilidade entre os seres humanos. A ambição material, por vezes, é posta por alguns cidadãos acima de qualquer coisa, e quando isso ocorre, especialmente com os Prefeitos que não possuem os conhecimentos mais comezinhos de Administração Pública, inexoravelmente um desastre será fatal.

As conseqüências para o Prefeito, por vezes, atravessam anos e anos, até que venha provar em juízo que jamais praticou falta administrativa que pudesse arranhar sua conduta moral.

Repita-se, após a conclusão de um ato administrativo praticado de forma errônea, inicia para o Prefeito uma trajetória angustiante, que vai desde a sua revogação, com reflexos na comunidade onde vive. Isto sem contar que por vezes este ato administrativo é questionado pelo Tribunal de Contas e até mesmo pelo Tribunal de Justiça. Em todas estas fases, deverá provar fundamentalmente ou que a falha teve origem na autodeterminação de um de seus assessores, ou que não agiu de forma dolosa, e conseqüentemente não gerou prejuízos ao erário.

Quando neste capítulo pretende-se delimitar a finalidade desta obra, seria prático iniciar pelo processo de exclusão. Ou seja, indicar o que não vai ser tratado aqui, o que não se analisará, a não ser *en passant*, como comentários à Lei 4.320/64, que trata dos orçamentos públicos com as suas respectivas alterações. Também não se pretende abordar assuntos atinentes à interpretação da nova Lei de Licitações sob nº 8.666. Nem tampouco pretende-se abordar assuntos atinentes a concursos públicos, admissão de funcionários, direitos e deveres, enfim, essa não é a finalidade deste livro.

Sua finalidade é focalizar assuntos relacionados com a outra ponta do problema, isto é, orientar os Prefeitos, ou futuros Prefeitos, a respeito da legislação que trata sobre as responsabilidades político-administrativas, tratadas no Decreto-Lei 201, bem como eventuais responsabilidades na área penal.

Existem alguns questionamentos procedentes por parte de alguns autores, no sentido de que não se pode abordar responsabilidade do Prefeito sem uma análise anterior de certos feitos em que são envolvidos os Prefeitos diariamente, no manuseio de empenhos, pagamentos de despesas públicas, assinaturas de convênios, elaboração de projetos de lei, etc.

A argumentação desses autores é em parte procedente. Porém, conforme o resultado deste primeiro trabalho, tratarei oportunamente daqueles assuntos de forma individual.

É claro que não se pode abordar a forma de defesa de um Prefeito junto ao Tribunal de Contas ou Tribunal de Justiça, sem passar muitas vezes pela análise das leis orçamentárias, ou ao exame da lei de licitações, ou concurso público. Evidente que a certa altura os assuntos se interligam, inconfundivelmente.

No entanto, pretendo neste trabalho focalizar de forma prática, e com termos adequados ao leigo, a parte final do processo, ou seja, exatamente onde a mídia tem enfocado a matéria cotidianamente. As notícias sobre eventual prisão de Prefeitos por desrespeito a normas legais, ou devolução de valores aos cofres públicos, têm sido uma constante nas páginas dos jornais e comentários em redes de rádio e televisão.

Por estas razões, atrevo-me a apresentar ao leitor, de forma despretensiosa, um modesto ensaio, visando a orientar o Administrador Público municipal, mostrando passo a passo o que ocorre desde a imputação de um fato, tido como irregular, passando por sua instrução e final decisão do Tribunal de Justiça ou do Tribunal de Contas.

É evidente que, hoje em dia, estes são os dilemas principais do Administrador, isto é, saber se ao fim das contas será ou não responsabilizado, ou se o ato praticado é de cunho estritamente político-administrativo, ou adentra a esfera penal. São estes assuntos que serão tratados no decorrer dos próximos capítulos.

Aventurei-me a traçar estas tinhas, repito, sedimentado na legislação vigente, mas sobretudo pela experiência de quem já esteve sentado no banco dos réus, apresentando sua própria defesa, por escrito, e através de sustentação oral, frente ao Tribunal de Justiça do Rio Grande do Sul e ao Tribunal de Contas.

2. Fatos que antecedem a investidura no cargo

Antes de iniciarmos propriamente a parte técnica, nunca é demais ressaltar os fatos que antecedem as eleições municipais, e posteriormente a investidura no cargo de Prefeito.

O homem, já diziam os antigos, tem necessidade de viver em grupos, é um ser gregário por excelência.

O homem-ilha existe na literatura, pois na prática uns precisam dos outros, independente da classe social a que pertençam, ou o nível econômico que detenham.

Sendo assim, é lógico que as lideranças surgem ao natural, especialmente a nível municipal. O mesmo não se pode dizer em nível nacional, quando muitas lideranças são forjadas pela mídia, envolvendo, desta forma, inclusive a vontade popular.

A liderança nacional forjada, com auxílio da mídia, por vezes leva o povo a frustrações, quando esta mesma liderança, agora sem auxílio da mídia, deixa transparecer sua verdadeira alma, e na maior parte das vezes, a sua incompetência é visualizada pelo povo que o elegeu. Mas, aí já é tarde. A menos que esta mesma liderança renuncie, suicide-se ou seja retirada do poder por *impeachment*. Pelo menos esta moldura cabe ao Sistema Presidencialista imperante.

Alguém já dizia que, no Sistema Presidencialista, o Presidente da República é um ditador a prazo determinado.

Entretanto, voltemos aos comentários sobre os fatos que antecedem a investidura no cargo de Prefeito Municipal.

Preliminarmente, o cidadão julga-se com possibilidade em vir a ser Prefeito, sedimentado em dois aspectos, pelo menos teóricos: primeiro, entende que tenha liderança suficiente para receber os sufrágios que o levarão a Prefeito, e em segundo lugar faz um julgamento interno no que diz respeito à possibilidade de prestar serviços a sua comunidade, em razão de sua experiência, a nível de cargos públicos já ocupados, ou pela vivência profissional, ou por ser um abnegado, e sobretudo idealista para com as coisas da sua comunidade.

A partir daí, caso ainda não tenha optado por *partido*, deverá fazê-lo.

Outrora, a presença do cidadão dentro de um partido estava interligada fundamentalmente com suas idéias. Isto é, alguém que tenha militado desde a mocidade em política estudantil e, no decorrer dos anos, demonstrasse simpatia por partidos de esquerda, jamais entraria em um partido liberal. A recíproca era verdadeira.

Na verdade, alguns partidos têm em seus programas algumas idéias do liberalismo; outros, fiéis à doutrina de Marx, inserem em seus programas a filosofia comunista ou socialista, como querem alguns.

Contudo, hoje em dia já não existe um Partido Comunista, ou de esquerda autêntico, e nem um Partido Liberal, na verdadeira acepção

A pedra-de-toque que diferencia um partido de outro seria, no aspecto econômico, a intervenção do Estado, ou não, nas relações econômicas. Enquanto o liberalismo deixa os seres humanos se auto-organizarem, inclusive na relação de trabalho, os partidos de esquerda defendem sua intervenção nestas relações.

Contudo, já não há partidos totalmente de direita e nem tampouco de esquerda. O que existe, forçosamente, são concessões de ambas as partes.

Após a queda do muro de Berlim, é bem verdade, a Esquerda no mundo inteiro passou a enfrentar sérias dificuldades, para justificar a entrada do capitalismo nos antigos países socialistas.

Entretanto, tais fatos servem apenas para demonstrar de forma rápida que o mundo, de alguns anos para cá, sofreu sérias alterações na filosofia política dos povos, pois já não existe um *laissez faire* autêntico, e muito menos agremiações totalmente de esquerda.

Todavia, estas mudanças não atingem aquele indivíduo que reside no longínquo município e que pretenda ser Prefeito. Para ele, ingressar em um partido muitas vezes é como associar-se a um clube. Na maioria das vezes, filia-se a um partido onde encontra um grupo considerável de pessoas com quem se relaciona bem, formando um grupo de amizade que em última análise será incentivador de sua candidatura.

Também exercem influência as raízes familiares. Se pertencem a determinado partido, este cidadão optará pela mesma linha de pensamento de seus ancestrais. Contudo, tal fato, aos poucos, vai terminando, uma vez que o cidadão consegue uma autonomia econômica e política, e por vezes deixa de lado os desejos políticos de seus pais, avós ou de gerações anteriores.

Curiosamente, ao ingressar no partido, isto é, ao assinar a ficha de filiação no *partido político,* o cidadão afirma ter conhecimento do *programa da agremiação partidária.*

Ora, tal fato não corresponde à verdade, primeiro porque na sede do partido sequer há um exemplar deste programa, e, se houvesse, o indivíduo não perderia tempo em estudá-lo e perquirir sobre o que pretende seu partido fazer se chegar ao governo, na área da educação, indústria, saúde etc.

A coisa não funciona assim. O cidadão filia-se como um robô, não tendo muitas vezes um mínimo de conhecimento sobre o programa do partido.

Desta forma, filiando-se ao partido, de forma consciente ou não, observando as regras legais de filiação, o cidadão e seu partido ingressam na 2ª fase, a eleitoral, ou seja, a campanha propriamente dita.

É nesta fase que os candidatos tentam demonstrar à comunidade o que de fato pretendem fazer na Administração. Abordam aspectos da educação, turismo, indústrias etc.

Nesse passo, uma campanha demonstra ângulos diferenciados entre os municípios ricos financeiramente e os de pequeno e médio porte.

Percebe-se que, nos municípios com menor receita, o carisma do candidato tem presença mais acentuada do que nos municípios ricos. Isto é, há, sem dúvida alguma, nestes municípios que lutam com dificuldades financeiras, maior aproximação entre o candidato e o povo. O que não acontece nos de grande porte, em que há um certo distanciamento entre os candidatos e a massa popular.

A luta pelos recursos que custearão a campanha é outro drama. E, finalmente, há que se observar como forma lamentável de garimpar votos, as chamadas promessas eleitorais, que, por vezes, transformam-se em verdadeira angústia do eleito, pois, ao tomar conhecimento da situação real do Município, percebe que sua receita mal pagará a folha de funcionários...

A soma dos fatos acima narrados, com seus múltiplos desdobramentos, representam a ante-sala da investidura no cargo de Prefeito.

No entanto, um aspecto curioso deve ser ressaltado em tudo isto, e que é constatado na realidade brasileira. O cidadão que se dispõe a enfrentar uma campanha para Prefeito Municipal, sendo um profissional autônomo, ou seja, advogado, médico, engenheiro etc., após a eleição, fatalmente irá despedir-se de sua clientela, face ao afastamento de seu consultório ou gabinete, pois deverá dedicar-se em horário integral à coisa pública .

Quando ele enveredar para a política profissional, poderá galgar outros cargos eletivos, tais como deputado estadual, federal, senador, ou, caso seu partido administre o Estado ou o Govemo Federal, poderá, em contrapartida, receber um cargo para ocupá-lo tão logo concluir o mandato de Prefeito.

O problema existe com aquele Prefeito que, no decorrer dos quatro anos, percebe que não tem aptidão para a política, ou, concluído o mandato, não fora beneficiado com nenhum cargo em nível estadual ou federal. E, exatamente aqui, há uma situação angustiante, pois deverá retomar a sua atividade privada.

Neste momento, poderá esbarrar em um problema crucial, principalmente se sua atividade é de proficional liberal, e ao longo de seu mandato sua clientela tiver procurado outros profissionais. Sendo assim, o Ex-Prefeito precisará iniciar um trabalho de chamamento de seus clientes, que virão ou não, pois muitos ainda terão o receio de que esse profissional retome as lides políticas e abandone novamente suas atividades.

Por isso, e afirmo por experiência própria, que além da falta de compensação financeira para exercer o cargo de Prefeito, as dificuldades para reiniciar sua profissão serão muito mais difíceis por encontrar uma série de óbices, que dificultarão seu retorno a atividade anterior, mesmo quando não tiver que dedicar horas e horas em defesas perante o Tribunal de Contas ou Tribunal de Justiça.

Por tudo isso, o candidato a Prefeito deverá avaliar muito bem todos os aspectos de sua carreira política, principalmente pelo que poderá enfrentar após concluído o mandato.

3. O Prefeito e o Município

Na linguagem popular, afirma-se que as pessoas proeminentes de uma comunidade são o Padre, o Delegado, o Juiz e o Prefeito. Entretanto, apesar de que cada uma das autoridades acima tem seus deveres e direitos limitados a sua competência profissional, é bem verdade que o Prefeito, especialmente em municípios de médio e pequeno porte, exerce grande influência sobre seus munícipes.

O Prefeito é, sem dúvida alguma, o grande conselheiro, por ele passam todas as decisões em nível de município, algumas são tomadas sem a possibilidade de uma justificação pública.

Há interesses múltiplos que circundam o primeiro mandatário do município.

Afora isso, deve ser um equilibrista, especialmente com a balança de receita e despesa municipal.

A despesa cresce assustadoramente. A União, aos poucos, desvencilha-se de suas obrigações e as transfere aos municípios, por meio da municipalização de serviços públicos, cujos recursos remetidos nem sempre compensam as responsabilidades.

Por sua vez, também, o governo do Estado procura transferir parte de suas responsabilidades ao município (no setor da educação, por exemplo), sob a falsa alegação de que os Prefeitos sabem concretamente as prioridades de seus municípios, e por esta razão até as obras podem custar menos, por contar com a própria fiscalização.

Entretanto, tal afirmação por vezes não corresponde à realidade, pois a carga de responsabilidades é completamente superior ao recursos recebidos da União e do Estado.

Sendo assim, ainda temos receio da filosofia da *municipalização*, que será tratada oportunamente.

Talvez tenha havido uma inversão de valores, ou seja, antes de colocar em prática a municipalização, por exemplo, da saúde, dever-se-ia resgatar e organizar uma estrutura jurídica, a fim de que se delimitasse as atribuições e estabelecesse uma hierarquia no setor médico.

O que ocorre, hoje em dia, são relações de mando e obediência conflitantes, ora em relação aos funcionários federais, ora em relação a funcionários estaduais e municipais.

Verdadeiras confusões estam formadas nos municípios que aguardam uma solução.

4. Histórico das Legislações

Inaugura-se, nesta fase a parte propriamente técnica sob o ponto de vista jurídico, que tipifica atos administrativos praticados pelo Prefeito.

Não se pode deixar de auditar as legislações que vigoram no país, em ordem cronológica, sob pena de o leitor confundir-se ao verificar a legislação atual.

Preliminarmente, a Lei nº 3.528, de 03/01/59, mandava aplicar aos Prefeitos Municipais, no que coubessem, as disposições da Lei nº 1.079, de 10/04/50, que define os crimes de responsabilidade e regula os respectivos processos de julgamento.

Ressalte-se, por oportuno, a título de curiosidade, que aquele diploma, depois de enumerar 26 itens no art. 1º, denominados de crimes de responsabilidade dos Prefeitos Municipais, estipulava o diploma legal, no art. 2º e parágrafo único :

> "Art. 2º. Os crimes definidos nesta lei, ainda quando simplesmente tentados, são passíveis de pena de perda do cargo, com inabilitação até cinco anos, para o exercício de qualquer função."

"Parágrafo único. A imposição da pena referida neste artigo não exclui o processo e julgamento do acusado por crime comum perante a Justiça ordinária, nos termos das leis processuais."

Percebe-se a esta altura que, embora seja uma legislação talvez ultrapassada, mas que dispunha, naquela época, em seu conteúdo, de uma série de atos administrativos realizados pelo Prefeito em determinadas circunstâncias, o penalizariam com a perda do cargo.

No entanto, aquela legislação fazia referência aos crimes comuns, eventualmente praticados pelo Prefeito, que estariam, face ao § 2º do art. 2º, sujeitos ao julgamento pela Justiça Comum.

Note-se, que havia e há uma profunda distinção nos atos do *administrador,* com referência aos atos do *administrador-cidadão.*

Fazemos esta distinção para auxiliar o estudioso sobre a matéria.

Em nosso país, temos o Código Penal, que relaciona uma série de delitos, tais como, furto, roubo, sedução, estupro, homicídio etc., cujo termo técnico-jurídico, a este elenco de delitos, chama-se tipificação.

Desta forma, a Lei 3.528 já fazia a distinção dos atos praticados pelo cidadão quando na gestão da coisa pública, e eventual crime previsto no Código Penal que viesse a praticar.

Ora, as irregularidades praticadas na função de Prefeito, submetê-lo-ia, como comprovado, à perda do cargo, com inabilitação até cinco anos, para o exercício de qualquer função.

Todavia, se a irregularidade cometida pelo Prefeito Municipal tivesse correspondência, isto é, houvesse tipificação no Código Penal, este seria remetido à Justiça Ordinária.

Por exemplo, determinado Prefeito, ao praticar um ato administrativo, é acusado de ter cometido o *crime de peculato*, este Prefeito seria processado pela Câmara de Vereadores e na Justiça Ordinária pelo art. 312 do Código Penal.

Todavia, no decorrer do tempo, a Lei 3.528/59 e a Lei nº 211/48, cujos diplomas legais tratavam sobre a responsabilidade dos Prefeitos, foram revogadas pelo Decreto-Lei 201, de 27/02/67, que abordamos a seguir.

4.1. O Decreto-Lei 201/67

O referido diploma legal faz a distinção dos atos administrativos irregulares praticados pelo Prefeito, sob dois aspectos:

1º) *Crimes de responsabilidade:* sujeitos ao julgamento do Poder Judiciário, independentemente do pronunciamento da Câmara de Vereadores (art. 1º, incisos I a XV, do Decreto-Lei 201).

2º) *Infrações político-administrativas:* sujeitos ao julgamento pela Câmara dos Vereadores e sancionadas com a cassação do Mandato (art. 4º, incisos I a X, do Decreto-Lei 201).

Poderemos verificar em apenso a esta obra, o referido Decreto-Lei 201/67, que relaciona uma série de atos que, praticados pelo Prefeito em determinadas circunstâncias, acarretará um dos aspectos acima mencionados, ou seja: processado criminalmente pelo Poder Judiciário, ou acusado formalmente pela Câmara de Vereadores que poderá culminar com sua cassação.

A título de ilustração, digamos que determinado Prefeito, durante seu mandato, use verba pública em favor de terceiros. Por exemplo, com verba do FPM, que chegou em data "X", o Prefeito resolve reformar a residência de seu cabo eleitoral.

Ao praticar este ato, infringiu o disposto no inciso I do art. 1º do Decreto-Lei 201/67, isto é:

> "I - apropriar-se de bens ou rendas públicas, ou derivá-los em proveito próprio ou alheio".

Ora, praticado este ato, pergunta-se: o que ocorrerá?

Em primeiro lugar, cumpre ressaltar que a atitude do Prefeito acima exemplificado, é prevista no Decreto-Lei 201/67 uma pena de reclusão de dois a doze anos.

Nesta linha de raciocínio, alertamos que todos os atos previstos no art. 1º do Decreto-Lei 201/67 são de Ação Pública.

O que significa isto?

Significa que o titular da Ação Penal, isto é, que impulsionaria e teria a missão de comprovar o fato, no sentido de que realmente o Prefeito usou verba pública em residência particular, é o representante do Ministério Público, o Promotor. Pelo menos isto acontecia até o advento da Constituição de 1988.

Por outro lado, o Decreto-Lei 201/67 faz uma distinção que é conveniente ressaltar, e que consiste no seguinte:

Decreto-lei 201/67

Crimes de respondabilidade dos Prefeitos

AÇÃO PÚBLICA Art. 1º, incisos I a XV	Reclusão 2 a 12 anos	Incisos I e II
	Detenção 3 meses a 3 anos	Incisos III a XV

É aconselhável acompanhar devidamente a previsão dos atos tipificados no Decreto-Lei 210/67 em apenso, que são submetidos a julgamento pelo Poder Judiciário.

O referido diploma legal faz uma distinção entre atos praticados pelo Prefeito, e definitivamente julgados, sem qualquer recurso, e são apenados com reclusão ou detenção.

O que significa, ou qual a diferença entre a reclusão e a detenção?

A resposta está no art. 33 do Código Penal.

4.2. Reclusão e detenção à luz do Decreto-Lei 201/67

Aos olhos do profissional do Direito, nenhum óbice existe na identificação dos conceitos de reclusão e detenção. Entretanto, percebe-se ao longo dos anos que o leigo tem sérias dificuldades para compreender as diferenças entre um regime ou outro. E tal constatação nem poderia ser diferente, pois o indivíduo que não tem a obrigação profissional de lidar com tais conceitos, ao deparar-se com esta legislação, certamente formulará uma série de dúvidas.

Por estes motivos, embora não seja a finalidade desta obra, resolvi, embora de forma sucinta, fazer algumas referências a estas duas formas de penas previstas no Decreto-Lei 201/67, antes referidas.

Com o ensejo de esclarecer a matéria de forma didática, busco no Código Penal, mais precisamente em seu art. 33, abaixo transcrito, os conceitos das duas formas de penas, a saber:

> "Art. 33. A pena de reclusão deve ser cumprida em regime fechado, semi-aberto ou aberto. A de detenção, em regime semi-aberto, ou aberto, salvo necessidade de transferência a regime fechado.
>
> § 1º Considera-se:
>
> a) regime fechado a execução da pena em estabelecimento de segurança máxima ou média;
>
> b) regime semi-aberto a execução da pena em colônia agrícola, industrial ou estabelecimento similar;
>
> c) regime aberto a execução da pena em casa de albergado ou estabelecimento adequado.
>
> § 2º As penas privativas de liberdade deverão ser executadas em forma progressiva, segundo o mérito do condenado, observados os seguintes critérios e ressalvadas as hipóteses de transferência a regime mais rigoroso:
>
> a) o condenado a pena superior a oito anos deverá começar a cumpri-la em regime fechado;
>
> b) o condenado não reincidente, cuja pena seja superior a quatro anos e não exceda a oito, poderá, desde o princípio, cumpri-la em regime semi-aberto;
>
> c) o condenado não reincidente, cuja pena seja

igual ou inferior a quatro anos, poderá, desde o início, cumpri-la em regime aberto.

§ 3º. A determinação do regime inicial de cumprimento da pena far-se-á com observância dos critérios previstos no art. 59 deste Código."

Portanto, existem duas espécies distintas de penas privativas de liberdade: *reclusão* e *detenção.*

Por não ser finalidade desta obra tecer comentários exaustivos sobre a matéria, apenas lembramos que as penas de reclusão ou detenção estão previstas, como foi visto no Decreto-Lei 201/67, no art. 1º, incisos I a II, pena de reclusão, e incisos III a XV, pena de detenção.

Diferenciam-se fundamentalmente no cumprimento das penas, cuja previsão consta no art. 33, *caput,* que diz respeito ao cumprimento delas.

Em segundo lugar, no caso de aplicação cumulativa, executa-se primeiro a pena de reclusão, de acordo com o art. 69 do Código Penal.

Há previsão de tratamento ambulatorial, caso o agente (quem praticou o crime), seja inimputável, art. 97 do CP, ou seja, substituição do internamento por tratamento, na medida de segurança.

E finalmente na limitação ou não para a fiança (CPP, art. 323, 1), bem como pressupostos para a prisão preventiva (CPP, art. 313, I e II).

Deve-se ter o cuidado para distinguir de forma clara os atos previstos no art. 1º do Decreto-Lei 201/67, e os atos previstos no art. 4º do referido decreto.

Uma pergunta que seguidamente é formulada diz respeito ao afastamento do cargo de Prefeito que praticou um ato previsto no art. 1º do Decreto-Lei 201/67.

Exemplificando: determinado Prefeito usa verba pública em favor de particular. Ora, antes de 1988, o procedimento normal a seguir para ajuizar o fato estaria vinculado à denúncia do Promotor, isto é, sua acusação formal contra o Prefeito. A partir daí, o juiz, ao receber a denúncia, como o diz o art. 2º do Decreto-Lei 201, tomava as seguintes atitudes:

I - antes de receber a denúncia (*acusação*), o Juiz ordenava a notificação do acusado para apresentar defesa prévia, no prazo de cinco dias. Se o acusado (Prefeito) não fosse encontrado para notificação, ser-lhe-ia nomeado defensor, a quem caberia apresentar a defesa, dentro do mesmo prazo. (o grifo é nosso)

II - (juízo de admissibilidade) ao receber a denúncia, o juiz manifestar-se-ia, obrigatória e motivadamente, sobre a prisão preventiva do acusado nos casos dos itens I e II (do decreto-lei) do artigo anterior, e sobre o seu afastamento do exercício do cargo durante a instrução criminal, em todos os casos.

Percebe-se, pois, que cabia ao julgador (juiz), antes do advento da Constituição de 1988, manifestar-se sobre a Prisão Preventiva e o afastamento do Prefeito do cargo, quando do eventual recebimento da denúncia, tecnicamente chamado de juízo de admissibilidade.

Portanto, nem sempre o Prefeito denunciado criminalmente era afastado do cargo, dependia e ainda depende da 4ª Câmara Criminal, isto é, da convicção de seus membros.

Desta forma, a primeira conclusão de ordem prática que deve ser tirada é de que qualquer ato praticado nas circunstâncias do art. 1º do Decreto-

Lei 201 vale somente para o cidadão que ainda está no cargo de Prefeito.

Sendo assim, qualquer denúncia do Promotor com fundamento no art. 1º do Decreto-Lei 201 somente terá valia contra quem esteja no exercício do cargo, pois quem já cumpriu seu mandato não poderá ser denunciado por qualquer ato previsto neste artigo.

Denunciado nestas circunstâncias, não pode ser recebido pelo Julgador. Todavia, esta matéria será analisada com mais detalhes em capítulo próprio.

Observe-se, por oportuno, que existe uma diferença considerável entre o Processo Criminal do cidadão comum e o do Prefeito Municipal, ou Ex-Prefeito.

Quando determinado cidadão comete algum delito previsto no Código Penal, e que segue o rito comum, será chamado para ser interrogado em data designada pelo juiz; após este interrogatório, o réu terá três dias para a defesa prévia, e a seguir, em datas designadas pelo Poder Judiciário, as testemunhas de defesa e acusação serão ouvidas, para que finalmente o julgador venha prolatar a sentença. Tal procedimento é diferente com relação aos Prefeitos e Ex-Prefeitos, pois, neste caso, o julgador, previamente ordenava a notificação do acusado para apresentar defesa, e posteriormente por critério de convicção receber ou não a denúncia.

Entretanto, não se deve confundir o sistema adotado a partir do Decreto-Lei 201/67 com o sistema anterior.

Isto é, antes da vigência do Decreto-Lei 201/67, dispunha a Súmula 301, neste sentido:

"Por crime de responsabilidade o procedimento penal contra Prefeito Municipal fica condicionado ao seu afastamento do cargo por *impeachment*, à cassação do exercício por outro motivo."

Sendo assim, o Decreto-Lei 201/67 revogou em seu art. 9º a Lei 211/40, bem como a Lei 3.250/59.

Repita-se, pois, com o objetivo de alertar principalmente o leigo, ressaltamos os seguintes aspectos do Decreto-Lei 201/67:

a) está em vigência atualmente no país e disciplina as responsabilidades do Prefeito Municipal;

b) disciplina, no art. 1º, os Crimes de responsabilidade dos Prefeitos Municipais, sujeitos ao julgamento do Poder Judiciário, independentemente do pronunciamento da Câmara de Vereadores;

c) define, no art. 4º, as infrações político-administrativas sujeitas a julgamento pela Câmara dos Vereadores.

Ressalte-se pois a instauração de Processo-Crime contra o Prefeito não conduz à conclusão de que obrigatoriamente deverá afastar-se do cargo.

Daí o cancelamento da Súmula 301, que determinava o afastamento do Prefeito.

Portanto, conclui-se que o Prefeito Municipal, ao praticar crime comum, isto é, quaisquer dos delitos previstos no Código Penal, ou praticar quaisquer atos rotulados como crime de responsabilidade, e elencados no art. 1º do Decreto-Lei 201, responderá a processo judicial e na jurisdição criminal ordinária.

A esta altura, poder-se-ão formular as seguintes questões:

O que ocorre com o indivíduo que já não exerce mais o cargo de Prefeito?

Como poderá ser afastado do cargo quem já não o exerce?

Em verdade, o Decreto-Lei 201/67 não repudiou o princípio de que o processo por crime de responsabilidade não tem cabimento, quando o Prefeito já deixou o cargo em definitivo.

É evidente que o Prefeito não poderia ser denunciado, após cessado seu mandato, por crimes de responsabilidade previstos no art. 1º do Decreto-Lei 201/67. No entanto, com relação aos crimes previstos no Código Penal, isto é, delitos comuns, os Prefeitos responderão penalmente.

Todavia, observe-se que, em caso de denúncia oferecida pelo Ministério Público, enquanto o cidadão exerce o cargo de Prefeito, na forma do Decreto-Lei 201, este continuará respondendo pelos seus atos mesmo concluído seu mandato. Note-se que o ato eventualmente praticado por um Prefeito, e arrolado no art. 1º do Decreto-Lei 201/67, pode não ter mesma correspondência ao crime comum do Código Penal.

Esta distinção é importante ressaltar, pois em caso contrário, isto é, que o ato praticado pelo cidadão quando Prefeito tenha correspondência no Código Penal, este responderá por crime comum, mesmo que tenha deixado o cargo.

Exemplificando: aquele Prefeito que realizou serviços sem concorrência pública ou nomeou servidor contra expressa disposição legal, isto é, sem concurso público, ou desviou verbas do MEC, ou Ministério da Justiça, para ampliação de escolas ou aquisição de viaturas para determinada delegacia de polícia, se enquadraria mediante a análise das circunstâncias que ficará demonstrada ou não no decorrer da instrução *o emprego irregular de verbas* e *prevaricação,* arts. 315 e 319 do Código Penal.

Resumindo, temos trêz hipóteses práticas:

1) Prefeito no exercício do cargo pratica atos relacionados no art. 1º do DL 201/67. Conseqüência: poderá ser processado pela Justiça Comum, procedimento previsto antes da CF/88.

2) Prefeito que deixou o cargo só poderá ser processado, desde que o ato praticado previsto no art. 1º do DL 201/67 tenha correspondência no Código Penal (neste sentido, RTJ 120/1149; 74/430; 110/110), então o indivíduo nas funções de Prefeito seria processado, e ainda hoje é processado por crime comum.

3) O Prefeito no exercício do cargo que praticar atos previstos no art. 4º do DL 201 constitui infração político-administrativa. Este ato será apreciado pela Câmara de Vereadores, aplicando-se sempre o princípio da ampla defesa ao Prefeito, previsto na Constituição em seu art. 5º. Entretanto, é possível que este ato praticado pelo Executivo, sob o exame do Poder Legislativo, tenha reflexos na área do Poder Judiciário.

O processo previsto no art. 5º do Decreto-Lei 201/67 poderá culminar com o afastamento definitivo do Prefeito, através de sua cassação.

Cumpre-me ressaltar a esta altura o esclarecimento sobre a matéria do sempre brilhante ex-ministro Paulo Brossard de Souza Pinto, quando propôs a mudança da jurisprudência do STF, sobre o Decreto-Lei 201/67, ao afirmar no *Habeas Corpus* nº 70.671-PI:

"Ora, é exatamente o que ocorre nas hipóteses do art. 1º do DL 201/67, trata-se de *crimes comuns*, (o grifo é nosso) de ação pública, cujo titular é o Ministério Público, apurado na Justiça Ordinária, em processo comum segundo o Código de Processo Penal."

Em outras palavras, para que fique claro, o ex-ministro afirma que embora o Dec.-Lei 201/67 capitule no art. 1º como crimes de responsabilidade, uma série de atos praticados pelo Prefeito, na verdade, tais atos serão apreciados pelo Poder Judiciário, conforme as regras do Código de Processo Penal, que admitem as penas de reclusão ou detenção.

E continua o mestre:

"Só que o Decreto-Lei 201/67, como salientado dei à locução sentido diverso do que ele possuía na Lei nº 3.528, na Lei nº 1.079, na Lei nº 30, e nas constituições republicanas. De modo que o lanço reproduzido, impecável à luz da doutrina tradicional, colide com o sentido da locução tal como empregado no decreto-lei nº 201", e conclui "neste ato legislativo o legislador cuidou, em artigos distintos, 1º e 4º dos crimes funcionais e das infrações político-administrativas, estas julgadas pela Câmara de Vereadores, aqueles pelo Poder Judiciário, os primeiros sujeitos às penas de reclusão e detenção, os segundos à perda de mandato, nos crimes funcionais, que o decreto-lei 201 denomina 'crime de responsabilidade', a matéria é de natureza criminal ao contrário do que era segundo a Lei nº 3.528; de modo que não tem sentido trancar um processo-crime porque o denunciado deixou o cargo, para recomeçá-lo logo após, por denúncia do mesmo Ministério Público em ambos os casos. Nas infrações político-administrativas o processo de responsabilidade não é criminal, não é movido pelo Ministério Público, supõe que o prefeito esteja no exercício do cargo e a pena aplicável seja apenas a perda do cargo, pena que não tem caráter criminal, pois é de natureza político-disciplinar".

Assim sendo, delimitamos com as frases do grande mestre Paulo Brossard de Souza Pinto, sem dúvida, o orgulho de nosso país na área jurídica, os dois momentos do Decreto-Lei 201, de uma parte, o art. 1º e de outra, o art. 4º, com conseqüências diferenciadas, e que para facilitar estão esboçadas no quadro abaixo.

Decreto-lei 201

Art. 1º	Art. 4º
Crimes de responsabilidade (funcional) ↓ Natureza penal ↓ Regras do Código de Processo Penal até 1988 ↓ Pena Reclusão ou detenção, conforme o caso	Infrações político-administrativas ↓ Câmara de vereadores ↓ Cassação

5. O Tribunal de Justiça e o Prefeito Municipal

Verificou-se até este momento que foi demonstrada uma série de hipóteses que podem envolver o Prefeito Municipal no trato da coisa pública.

Da mesma forma, foi dada ênfase ao procedimento adotado até o advento da Constituição de 1988.

Ocorre que uma reivindicação histórica dos Prefeitos Municipais dizia respeito à necessidade de inclusão na Carta Magna de um *foro privilegiado* para o julgamento de seus atos.

Os julgalmentos até a Constituição de 1988 vinham obedecendo ao procedimento do Decreto-Lei 201; no entanto, tais julgamentos eram presididos pelo juiz singular, isto é, o juiz togado em exercício na Comarca onde Prefeito fora denunciado pelo Ministério Público por infração a qualquer delito.

Entretanto, com o advento da Constituição de 1988, os Prefeitos Municipais passaram a ter foro privilegiado, conforme o que está disposto no art. 29 da Constituição Federal, que dispõe sobre a organização dos municípios:

"Capítulo IV - Dos Municípios
Art. 29. O Município reger-se-á por lei orgânica, votada em dois turnos, com o interstício mínimo de dez dias, e aprovada por dois terços dos membros da Câmara Municipal, que a promulgará, atendidos os princípios estabelecidos nesta Constituição, na Constituição do respectivo Estado e os seguintes preceitos:
...
VIII - julgamento do Prefeito Municipal perante o Tribunal de Justiça."

Interessa-nos a esta altura o inciso VIII do art. 29, que dispõe de forma clara e indiscutível que o julgamento dos Prefeitos será perante o Tribunal de Justiça.

Até hoje, não há uma justificativa definida das razões que levaram os Prefeitos a reivindicar o foro privilegiado. Uma corrente afirma que, com o foro privilegiado, o Prefeito seria julgado sem qualquer pressão de ordem fática ou política que pudesse exercer influência sobre o julgador na Comarca local. Ora, sinceramente, por ter sido Prefeito Municipal, não acredito nesta tese, pois, rendo ainda as minhas homenagens ao Poder Judiciário, principalmente do Estado do Rio Grande do Sul, que não se submeteria a pressões de qualquer ordem.

É difícil acreditar que um julgador, tendo em suas mãos um processo-crime, em que tenha sido demandado um Prefeito Municipal, venha a ser suscetível de pressões de qualquer espécie.

O Prefeito que age com lisura não tem o que temer. Todavia, isto não quer dizer que um Prefeito, apesar de um comportamento ilibado, não venha a ser julgado pelos tribunais. Por vezes, ele próprio é envolvido por "amigos do momento", nomeados em cargos de confiança, e que na verdade de amigos não têm nada, mas somente pretendem atingir seus interesses pessoais, muitas vezes conduzindo-o ao caminho da ilicitude, porém, por vezes, de forma inconsciente.

Entretanto, e apesar de tudo, os Prefeitos realmente foram vitoriosos em suas teses, ao conseguir inserir na Carta Magna de 1988 o foro privilegiado para seus julgamentos.

Já dizia Hely Lopes Meirelles em sua obra *Direito Municipal Brasileiro*, pp. 587- 588:

> "A responsabilidade penal é toda aquela que resulta do cometimento de crime ou de contravenção".

No caso, ressaltam-se os delitos previstos como funcionais definidos no Código Penal Brasileiro (arts. 312 a 327), bem como crimes comuns, contravenções penais, crimes eleitorais, crimes de responsabilidade (art. 1º do Decreto-Lei 201/67) e os crimes de abuso de autoridade, definidos na Lei nº 4.898, de 9 de dezembro de 1965.

Ives Gandra Martins, em seus *Comentários à Constituição do Brasil*, 3º Volume, Tomo II, p. 95, questiona a seguinte matéria:

> "Coloca-se a questão de saber se tal competência seria também para julgamento dos crimes ordinários (delitos previstos no Código Penal, p. ex.), isto é, o julgamento de atos da vida civil que possam ter implicação na vida pública, se praticados no exercício do mandato".

E conclui magistralmente o referido autor:

"Entendo que sim, visto que sempre que tais atos terminem por representar falta de decoro, atingir a moralidade administrativa ou demonstrar, pela sua produção, inaptidão para o exercício da função, a própria figura do prefeito mais do que a do cidadão, em jogo está".

Finalmente, outra questão polêmica diz respeito a matérias correlatas, mas não decorrentes do exercício do cargo, a competência seria originária dos Tribunais de Justiça ou apenas em segundo grau recursal? Observa Ives Gandra Martins, que nesta hipótese a competência do Tribunal é originária.

Traduzindo, as palavras técnicas acima abordadas, significa dizer que o Prefeito, por gozar de foro privilegiado, por prerrogativa de função, será julgado diretamente pelo Tribunal de Justiça, isto é, por um órgão colegiado, não submetendo seus atos à apreciação do juiz monocrá tico da Comarca onde exerce o cargo.

Finalmente, ressalte-se que o Prefeito que deixou o cargo também será julgado pelo Tribunal de Justiça, desde que seus atos, como já foi dito, tenham correspondência no Código Penal.

Com o Foro Privilegiado concedido por norma constitucional, o Rio Grande do Sul talvez tenha sido pioneiro em definir uma Câmara Criminal com a finalidade exclusiva de julgar seus Prefeitos: trata-se da 4ª Câmara Criminal.

De uns tempos para cá, a mídia tem-se ocupado em divulgar as irregularidades eventualmente praticadas pelos Prefeitos Municipais, bem como pelo seu julgamento. Lamenta-se, contudo, a ênfase por vezes exagerada com que a imprensa divulga tais fatos.

Por outro lado, tão logo venha à tona qualquer irregularidade, a imprensa se ocupa da divulgação de forma intensa.

Exemplos a seguir demonstram a abusividade da imprensa, por vezes implacável em suas notícias, tendo por objeto irregularidades cometidas pelos Srs. Prefeitos.

Lamenta-se que o mesmo comportamento não tome a imprensa quando da absolvição de determinado chefe do Executivo. Tal omissão deixa sempre em dúvida o comportamento do Prefeito, pois, no momento em que foi denunciado, a mídia noticia o fato; entretanto, a mesma ênfase não é dada quando a corte o absolve.

Enfim, "o julgamento do Prefeito pelo Tribunal de Justiça, tratando-se pois de inovação que visou a privilegiar o cargo executivo, concedendo ao Prefeito direito ao Foro Privilegiado", no dizer de Diomar Ackel Filho, em sua obra *Município e Prática Municipal.*

José Nilo de Castro, em sua obra *Direito Municipal Positivo*, ressalta com muita propriedade:

> "O Prefeito passou a ter, consoante a atual Constituição, foro por prerrogativa de função, pois seu julgamento procedido pelo Tribunal de Justiça, pela prática de crimes comuns (segundo o Código Penal), crimes de responsabilidade (Decreto-Lei 201/67), crimes por abuso de autoridade (Lei nº 4.898 de 9/12/1965, arts. 3º e 4º) e contravenções penais."

Note-se que qualquer delito praticado pelo Prefeito quando no exercício do cargo será julgado pelo Tribunal de Justiça. Entenda-se, pois, como qualquer delito aqueles também tipificados no Código Penal.

Entretanto, ressalte-se por oportuno que os ex-prefeitos denunciados pela prática de irregularidades administrativas no *exercício do mandato*, e que tenham correspondência no Código Penal, também terão Foro Privilegiado. A título de exemplo, ressalta-se uma irregularidade cometida na Administração e que tenha equivalência no Código Penal, tal como *Peculato*, tipificado no art. 312.

Por oportuno, ressalte-se da mesma forma, nos crimes eleitorais, é competente para julgar o Prefeito o Tribunal Regional Eleitoral, em razão da matéria, da qual o STJ já demonstrou posicionamento:

> "Prefeito Municipal. Crime Eleitoral. Competência do Tribunal Regional Eleitoral, mesmo extinto o mandato. Precedente do Supremo Tribunal Federal. Súmula 394. Constituição, art. 29, incisoVIII (Conflito de Competência nº 1005-SP, 90.983-91, DJU de 6/08/90)" (matéria citada na obra de José Nilo de Castro, *Direito Municipal Positivo*.)

A matéria em alguns aspectos pode gerar alguma polêmica, isto é, alguma divergência, pois, resta saber se toda a matéria, inclusive cível, acarretaria o foro privilegiado aos representantes do Executivo Municipal?

Em regra, já vimos as matérias de ordem criminal, que são apreciadas pelo Tribunal de Justiça, o que seria por demais cansativo mais uma vez repetilas.

No entanto, Ives Gandra Martins, em seus *Comentários à Constituição do Brasil*, ao tecer comentários sobre o art. 29, inciso X, que diz respeito ao julgamento do Prefeito Municipal perante o Tribunal de Justiça, afirma que:

"... houve por bem a Constituição, todavia, no que diz respeito ao julgamento dos prefeitos, considerar que a competência é do Tribunal de Justiça"

Observa ainda o referido autor:

"... coloca-se a questão de se saber se tal competência seria também para julgamento dos crimes ordinários, isto é, o julgamento de atos da vida civil que possam ter implicação pública, se praticados no exercício do mandato".

O próprio Ives Gandra Martins responde, afirmando que:

"... entendo que sim, visto que sempre que tais atos terminem por representar falta de decoro, atingir a moralidade administrativa ou demonstrar, pela sua produção, inaptidão para o exercício da função, a própria figura do prefeito, mais do que a de cidadão, em jogo está".

E continua magistralmente:

"... outra questão que se coloca é de saber-se se para tais matérias correlatas, mas não decorrentes do exercício do cargo, a competência seria originária do Tribunal de Justiça ou apenas em segundo grau a competência se importa".

Ora, como tentamos levar ao leigo os termos técnicos que a matéria exige, é bom esclarecer que "competência originária", em outras palavras, significa o "fato" ser levado a conhecimento em primeiro lugar, ou seja, a dúvida residiria em saber se o

Tribunal de Justiça conheceria do fato em primeiro lugar, isto é, reputa-se como foro privilegiado, e não como grau recursal, ou seja, o fato seria levado a conhecimento do Juiz de Direito do Município onde o Prefeito Municipal cometeu a infração, e posteriormente em caso de recurso ao Tribunal de Justiça, para o reexame da matéria, caso este Prefeito tivesse sido condenado, ou em caso de absolvição, através de eventual recurso do Ministério Público.

Posta esta preocupação, Gandra Martins é categórico ao afirmar:

> "Entendo que nesta hipótese, a competência do Tribunal de Justiça é originária" (*in Comentários à Constituição do Brasil*).

Conclui o referido autor:

> "Não se deve, todavia, entender que o foro especial seja um privilégio do prefeito, mas, antes, um privilégio para os cidadãos, que assim poderão ter mais rapidamente e pelo órgão colegiado e constituído de magistrados mais experientes, a solução da pendência em que todo o município tem interesse".

Os processos em si, de acusação e defesa, serão apreciados oportunamente, quando se comentar, *en passant*, a Lei 8.038, que regula a matéria. Por fim, levamos ao conhecimento do leitor algumas publicações ocorridas nos últimos anos a respeito de denúncias contra Prefeitos, julgalmentos, etc., lamentando que em muitos caso não sejam noticiados os resultados dos processos, que foram absolvidos perante o Tribunal de Justiça do Estado do Rio Grande do Sul na 4ª Câmara Criminal.

6. O Tribunal de Contas

O Tribunal de Contas do Estado se constitui num órgão competente e independente para emitir o parecer prévio sobre as contas do Prefeito.

Este órgão tem-se tornado, para muitos Prefeitos, um verdadeiro monstro. Os mandatários municipais, por mais bem assessorados que sejam, demonstram receio do Tribunal de Contas. Infelizmente, esta não poderia ser a imagem deste órgão fiscalizador.

O Tribunal de Contas deveria, isto sim, auxiliar os Prefeitos na prevenção de irregularidades, uma vez que tanto o TCE quanto os Prefeitos lidam e devem zelar pelo bem público.

No entanto, face à inexistência de pessoal técnico suficiente para atender a todo o Estado do Rio Grande do Sul, o Tribunal de Contas deixou de exercer funções de forma preventiva e assume perante os Prefeitos como o órgão que aplica advertências e multas. A Constituição Federal, em seu art. 31, § 1º, preceitua que o controle externo da Câmara Municipal será exercido com o auxílio das Cortes de Contas.

Sendo assim, a Câmara é auxiliada na tarefa de controle externo do Executivo, por órgãos técnicos especialmente preparados para esse fim, que são os Tribunais de Contas dos Estados.

Ressalte-se, desde logo, que o Tribunal de Contas não julga o *Prefeito*, e tal impedimento origina-se da própria Constituição Federal, porquanto o Tribunal de Contas não integra o Poder Judiciário na forma do art. 92, I a VII, conforme abaixo:

"Art. 92. São órgãos do Poder Judiciário:
I - O Supremo Tribunal Federal;
II - O Superior Tribunal de Justiça;
III- Os Tribunais Regionais Federais e Juízes Federais;
IV- Os Tribunais e Juízes do Trabalho;
V - Os Tribunais e Juízes Eleitorais;
VI - Os Tribunais e Juízes Militares;
VII- Os Tribunais e Juízes dos Estados e do Distrito Federal e Territórios."

Depreende-se, pois, que o Tribunal de Contas não integra o Poder Judiciário, não possuindo poder judicante. Em outras palavras, como foi dito anteriormente, a este Tribunal, tanto que suas atribuições estão dispostas na Seção IX, *Da Fiscalização Contábil, Financeira e Orçamentária.*

A fim de que o leigo compreenda mais claramente o que se disse até aqui, destacamos que o Poder Judiciário, ao julgar qualquer matéria posteriormente submetida a recurso por uma parte, e em havendo recurso até a última instância, ocasionará, quando inexistir possibilidade de qualquer recurso ainda a ser interposto, a matéria considerada julgada. Isto é, tecnicamente, chama-se de *coisa julgada.*

Sendo assim, o assunto que transitou em julgado não pode mais ser discutido em nível de Poder Judiciário. O art. 5º, inciso XXXVI, da CF/1988, é claro:

> "A lei não prejudicará o direito adquirido, o ato jurídico perfeito e a coisa julgada".

Ao dissertar sobre esta matéria, tem-se por objetivo traçar um paralelo entre a coisa julgada do Poder Judiciário e o que eventualmente é decidido peloTribunal de Contas.

Neste último caso, essas decisões não fazem coisa julgda no sentido formal e material.

Entretanto, é de bom alvitre lembrar que o Tribunal de Contas também goza das garantias de independência, a exemplo do Judiciário (art. 73, § 3º, da CF/88).

Sendo assim, o Tribunal de Contas só possui função administrativa, no sentido de acompanhar a execução orçamentária e apreciar as contas dos responsáveis por dinheiros ou bens públicos.

A matéria analisada pelo Tribunal de Contas poderá ser apreciada pelo Poder Judiciário. E qual a razão? O motivo é simples, pois o Tribunal de Contas apura os fatos, e apurar não significa julgar, portanto, quando o Poder Judiciário apura fatos já analisados pela Corte de Contas, não está procedendo, como querem alguns, um rejulgamento, porquanto não houve nenhum julgamento anterior.

No dizer de Celso Ribeiro Bastos e Ives Gandra Martins em seus *Comentários à Constituição do Brasil*:

> "o Tribunal de Contas é órgão administrativo e não judicante, e sua denominação de Tribunal e a expressão julgar ambas são equívocas. Na verdade, é um Conselho de Contas e não as

julga, sentenciando a respeito delas, mas apura a veracidade delas para dar quitação ao interessado, em tendo-as como prestadas, em promover a condenação criminal dele, em verificando o alcance. Apura fatos. Ora, apurar fatos não é julgar".

As atribuições do Tribunal de Contas estão disciplinadas no art. 71, I a XI, da Constituição Federal, o qual registramos abaixo, normas essas que conforme o art. 75 da mesma Constituição são aplicáveis aos Tribunais de Contas dos Estados:

"Art. 71. O controle externo, a cargo do Congresso Nacional, será exercido pelo Tribunal de Contas, ao qual compete:

I - apreciar as contas prestadas anualmente pelo Presidente da República, mediante parecer prévio que deverá ser elaborado em sessenta dias a contar de seu recebimento;

II - julgar as contas dos administradores e demais responsáveis por dinheiros, bens e valores públicos da administração direta e indireta, incluídas as fundações e sociedades instituídas e mantidas pelo Poder Público Federal, e as contas daqueles que derem causa a perda, extravio ou outra irregularidade de que resulte prejuízo ao erário público;

III- apreciar, para fins de registro, a legalidade dos atos de admissão de pessoal, a qualquer título, na administração direta e indireta, incluídas as fundações instituídas e mantidas pelo Poder Público, excetuadas as nomeações para cargo de provimento em comissão, bem como as das concessões de aposentadorias,

reformas e pensões, ressalvadas as melhorias posteriores que não alterem o fundamento legal do ato concessório;
IV - realizar, por iniciativa própria, da Câmara dos Deputados, do Senado Federal, de Comissão técnica ou de inquérito, inspeções e auditorias de natureza contábil, financeira, orçamentária, operacional e patrimonial, nas unidades administrativas dos Poderes Legislativo, Executivo e Judiciário, e demais entidades referidas no inciso II;
V - fiscalizar as contas nacionais das empresas supranacionais de cujo capital social a União participe, de forma direta ou indireta, nos termos do tratado constitutivo;
VI - fiscalizar a aplicação de quaisquer recursos repassados pela União mediante convênio, acordo, ajuste ou outros instrumentos congêneres, a Estado, ao Distrito Federal ou a Município;
VII- prestar as informações solicitadas pelo Congresso Nacional, por qualquer de suas Casas, ou por qualquer das respectivas Comissões, sobre a fiscalização contábil, financeira, orçamentária, operacional e patrimonial e sobre resultados de auditorias e inspeções realizadas;
VIII- aplicar aos responsáveis, em caso de ilegalidade de despesa ou irregularidade de contas, as sanções previstas em lei, que estabelecerá, entre outras cominações, multa proporcional ao dano causado ao erário;
IX- assinar prazo para que o órgão ou entidade adote as providências necessárias ao exato cumprimento da lei, se verificada ilegalidade;

X- sustar, se não atendido, a execução do ato impugnado, comunicando a decisão à Câmara dos Deputados e ao Senado Federal;
XI- representar ao Poder competente sobre irregularidades ou abusos apurados.
§ 1º. No caso de contrato, o ato de sustação será adotado diretamente pelo Congresso Nacional, que solicitará, de imediato, ao Poder Executivo as medidas cabíveis.
§ 2º. Se o Congresso Nacional ou o Poder Executivo no prazo de noventa dias, não efetivar as medidas previstas no parágrafo anterior, o Tribunal decidirá a respeito.
§ 3º. As decisões do Tribunal de que resulte imputação de débito ou multa terão eficácia e título executivo.
§ 4º O Tribunal encaminhará ao Congresso Nacional, trimestral e anualmente, relatório de suas atividades."

As atribuições do TCE, contidas no artigo acima referido, são taxativas, e não exemplificativas.

A apreciação mais detalhada, sobre as defesas às decisões do TCE, constará em capítulo próprio. Entretanto, nunca é demais ressaltar-se mais uma vez a esta altura que o Tribunal de Contas julga as contas dos administradores municipais e dos demais responsáveis por dinheiros, bens e valores da administração direta e indireta municipal, incluídas as fundações e sociedades instituídas e mantidas pelo Poder Público Municipal, e as contas daqueles que deram causa a perda, extravio ou outra irregularidade de que resulte prejuízo ao erário público municipal.

Os integrantes do TCE, principalmente à luz da Lei nº 4.320, apreciam as contas, registros, admissão de pessoal, enfim todos os atos administrativos que direta ou indiretamente tenham reflexos no Orçamento Público.

Muito se discute hoje em dia, inclusive com divergências a respeito da inelegibilidade daquele que teve suas contas registradas pelo Tribunal de Contas do Estado.

Apesar de que a matéria dos procedimentos das defesas perante o Tribunal de Contas será apreciada no momento oportuno, anteciparemos a preocupação dominante, neste capítulo, sobre a inelegibilidade ou não daquele administrador que teve suas contas rejeitadas pelo Tribunal de Contas. É possível? O Administrador pode recorrer à Justiça Comum?

Ora, imagine-se uma situação em que o Prefeito esgotou todas as defesas junto ao Tribunal de Contas do Estado, que rejeitou suas contas correspondentes a determinado exercício. Fazendo uso da legislação penal ou civil em vigência no País e alicerçado na Constituição Federal, dir-se-ia, ao pé da letra, que a decisão transitaria em julgado. No entanto, repita-se, esta terminologia está sendo usada somente para facilitar o raciocínio do leitor, pois, em verdade, não existe coisa julgada a nível de Tribunal de Contas, conforme foi anteriormente afirmado, a exemplo do que ocorre na Coisa Julgada no Poder Judiciário. Todavia, com fins didáticos, ainda usaremos os termos acima referidos.

Retornando ao caso exemplificativo, imaginemos, então, que ocorreu a decisão definitiva, a partir daí será remetida à Câmara de Vereadores que deverá optar por dois caminhos: ou reafirma a decisão do TCE, ou a rejeita. Não há mais, em princípio discussão ou mérito, conforme gráfico abaixo:

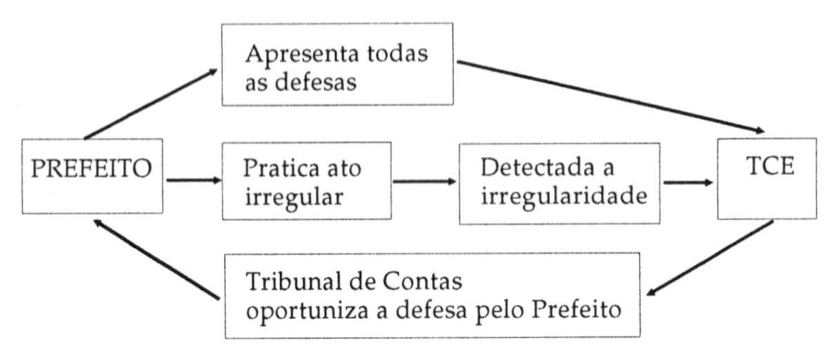

Fechado o circuito acima, e apesar dos esforços do Prefeito em defender-se perante o TCE, estas resultam inexitosas, sendo assim, o TCE remete sua decisão à Câmara de Vereadores, conforme gráfico abaixo:

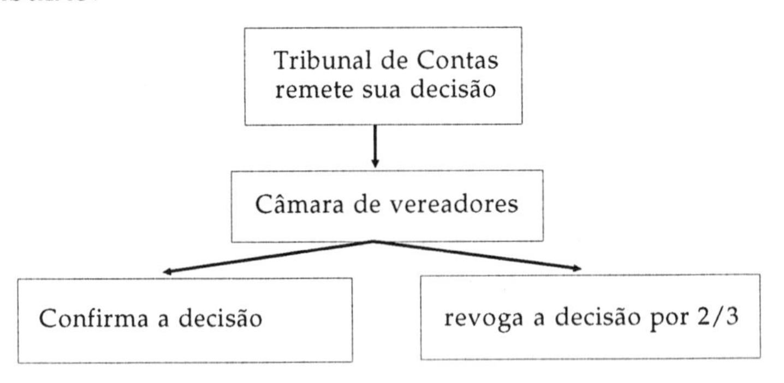

A Lei Complementar nº 64 de 18/05/90, com suas alterações, dispõe sobre as inelegibilidades dos diretores de cargos públicos, e alude na letra *j* do art.1º: "os que tiveram suas contas relativas ao exercício de cargos ou funções públicas rejeitadas por irregularidade insanável e por decisão irrecorrível do órgão competente, salvo se a questão houver sido ou estiver sendo submetida à apreciação do Poder Judiciário, para as eleições que se realizarem nos 5 (cinco) anos seguintes, contados a partir da data da decisão"

Note-se que a Lei Complementar só concluiu ou regulamentou. o que fora disposto na Constituição Federal, art. 14, § 9º:

> "Lei Complementar estabelecerá outros casos de inelegibilidade e os prazos de sua cessação, a fim de proteger a probidade administrativa, a moralidade para o exercício do mandato, considerada a vida pregressa do candidato, e a normalidade e a legitimidade das eleições contra a influência do poder econômico ou o abuso do exercício de função, cargo ou emprego na administração direta ou indireta".

O legislador, ao editar lei complementar acima referida, nada mais fez do que dar cumprimento a um mandamento constitucional.

Todavia, sempre há de se ter o cuidado nesta matéria, em dois aspectos fundamentais, a saber: em primeiro lugar, a irregularidade deverá ser insanável, ou seja, em linguagem popular, não há como consertá-la, sancionando, dessa forma, o eventual candidato a Prefeito ou a Vice-Prefeito, com a pena de inelegibilidade. Em segundo lugar, relembre-se, que a esta altura o Tribunal de Contas teria rejeitado as contas de um eventual candidato, que administrou o município em legislatura passada, e de imediato remetido seu *parecer* à Câmara Municipal, que o ratificou. Sendo assim, nesta fase os recursos foram esgotados, e a decisão é em princípio definitiva. No entanto, restará ainda ao candidato que teve suas contas rejeitadas, tanto pelo Tribunal de Contas, quanto pela Câmara de Vereadores, interpor Recurso junto ao Poder Judiciário, sob fundamento de alguma nulidade procedimental no julgamento de suas contas, ou, com a tese de que a irregularidade constatada não é insanável.

O Recurso interposto junto ao Poder Judiciário retira a possibilidade, pelo menos temporária, de inelegibilidade do candidato. Isto é, a matéria então está *sub judice*, e só com o trânsito em julgado e a condenação definitiva é que ocasionará a inelegibilidade do candidato a Prefeito.

Para que haja mais facilidade em entender a matéria, trazemos o seguinte exemplo: suponhamos que as contas do prestador foram julgadas irregulares, porque o candidato agora e Prefeito em época passada não realizou licitação para compras ou contratação de obras. Ora, mesmo que tais fatos sejam ilegais, não se alcança a inelegibilidade pela inexistência comprovada de lesão aos cofres públicos em proveito do próprio indivíduo.

No entanto, a decisão ficará a cargo do Poder Judiciário.

Em suma, o ato irregular deverá ter reflexos sob a luz da probidade administrativa. Isto é, deverá ser comprovado flagrante prejuízo ao erário.

Neste sentido, o Tribunal Superior Eleitoral assim tem-se manifestado:

> "*Recurso Especial.*
> Inelegibilidade. Constituição Federal. Prefeito que não aplica verbas de convênio assinado entre o estado e o Município. Competência do

Tribunal de Contas do Estado para apreciação das contas. Atos de improbidade que o tornam inelegível na forma da Lei Complementar nº 64/90 e Constituição Federal. Recurso não conhecido." (Acórdão nº 12.554, PA, JTSE 4(4), out/dez 1993, p. 302).

Tentou-se, de forma resumida, neste capítulo, abordar as linhas mestras do Tribunal de Contas, todavia, aspectos atinentes ao seu funcionamento e composição, bem como possíveis defesas às suas decisões serão apreciadas no próximo capítulo.

7. Defesas perante o Tribunal de Contas

Este capítulo é destinado a analisar, de forma simples e clara, as defesas possíveis, que deverão ser apresentadas pelo administrador da coisa pública, perante o Tribunal de Contas.

A esta altura, já se tem uma idéia mais ou menos definida sobre as funções do Tribunal de Justiça e as do Tribunal de Contas. Nunca é demais lembrar que o Tribunal de Justiça, efetivamente, julga os indivíduos, sentenciando ao final de um processo pela condenação ou absolvição. Todavia, tal fato não ocorre com o Tribunal de Contas, que "julga" as contas, ou seja, os atos administrativos, abrangendo registros contábeis, comportamento no uso da Receita Pública, cumprimento de convênios, enfim, o Tribunal de Contas aprecia a vida administrativa do indivíduo no manuseio dos atos vinculados à chamada "coisa pública".

Sendo assim, os fatos mais freqüentes sujeitos à apreciação pelo Tribunal de Contas dizem respeito à aplicação da Lei 4.320, no cumprimento do Orçamento Público.

A Lei 4.320, de 17 de março de 1964, estabelece regras gerais para elaboração e controle dos orçamentos e balanços da União, dos Estados, dos Municípios e do Distrito Federal.

A referida lei deveria ser uma leitura obrigatória do Prefeito, do Tesoureiro do Município, do Contador e do Secretário da Fazenda Municipal, antes de assumirem tais cargos. Aconselha-se a leitura com comentários, a fim de que o administrador possa visualizar as regras para elaboração de um orçamento público.

Aconselhamos, pois, a leitura da Lei 4.320/64 como medida que antecede à posse em qualquer cargo público, especialmente se as funções deste cargo dizem respeito ao manuseio direto dos recursos públicos e programação de seu uso.

É bem verdade que o leigo, ao ler tal lei, terá uma série de dificuldades em sua interpretação. Entretanto, o administrador deve perder algum tempo no início de sua administração, perguntando a quem tem conhecimento, consultando e determinando a todos que vão trabalhar e assessorar na administração, no controle direto da Receita e da Despesa Pública que também busquem conhecimentos especializados a respeito dassa lei, e com isso, evitando aborrecimentos futuros, principalmente junto ao Tribunal de Contas.

Outra lei, que em sua aplicação gera uma série de "dores de cabeça" ao Administrador público, diz respeito à Lei 8.666, que trata das Licitações Públicas.

Por se tratar de uma lei recente, de 21 de junho de 1993, ainda restam dúvidas de interpretação.

A referida lei é muito abrangente, incluindo normas gerais sobre licitações e contratos administrativos relacionados com obras, serviços, inclusive de publicidade, compras, vendas e locações no âmbito dos Poderes da União, dos Estados, do Distrito Federal e dos Municípios.

Trata-se a referida lei, também, de uma leitura obrigatória.

Finalmente, outros aspectos são apreciados pelo Tribunal de Contas, tais como: admissão de pessoal, vínculo empregatício único, despesas públicas, sua possibilidade ou não. Enfim, estes fatos seriam os principais que a Corte de Contas do Estado analisa. É evidente que tais fatos são exemplificados, havendo uma série de outras irregularidades que poderão ser detectadas pelo Tribunal de Contas do Estado.

As atribuições do Tribunal Pleno constam nos artigos 7º e 8º de seu Regimento Interno. As Câmaras, em número de duas, compõem-se de três membros, escolhidos pelo Tribunal Pleno, na mesma oportunidade em que forem eleitos o Presidente e o Vice-Presidente do Tribunal, na forma dos Organogramas abaixo:

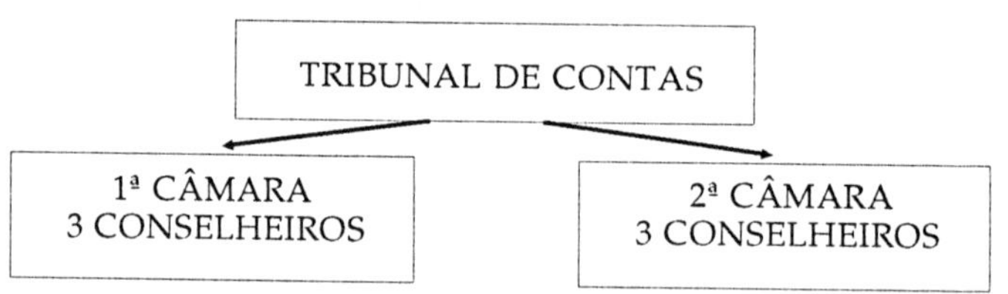

As atribuições da Presidente e do Vice-Presidente também estão contidas no Regimento Interno do Tribunal de Contas, em apenso, em seus arts. 13 e 14.

Podemos considerar como grupo de apoio técnico aos conselheiros, em primeiro lugar, os auditores, em número de 7, que inclusive poderão substituir os conselheiros, nos casos de impedimento ou vacância.

Portanto, em termos de hierarquia, os auditores situam-se imediatamente abaixo dos conselheiros.

Cabe, em síntese, aos auditores a elaboração de pareceres técnicos da área jurídica, que serão devidamente encaminhados aos conselheiros, para embasar seus votos na apreciação de Contas dos administradores públicos.

Finalmente, o corpo técnico e serviços auxiliares são servidores do quadro do tribunal, que também integram o grupo de apoio dos conselheiros e resumindo-se, teremos:

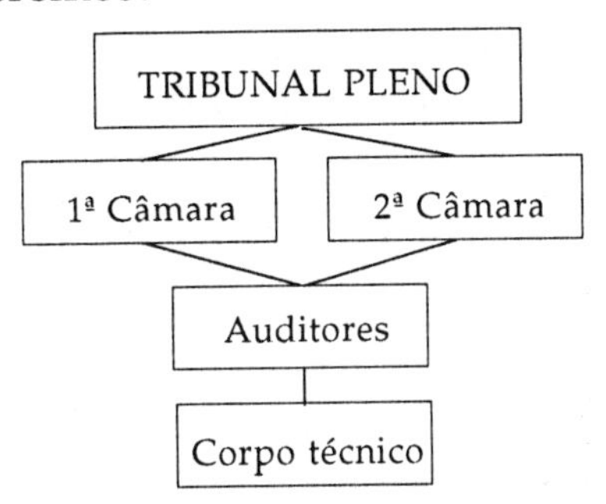

Considerando-se que esta obra é essencialmente prática, não haveria tempo suficiente de uma análise de todas as irregularidades que poderão ser apreciadas pelo Tribunal de Contas.

Ao final desta obra, encontra-se em apenso o Regimento Intermo do Tribunal de Contas, visando a facilitar o conhecimento mais aprofundado daquele Tribunal.

O Tribunal de Contas é assim constituído:

I - O Tribunal Pleno;

II - as Câmaras;

III - a Presidência e a Vice-Presidência;

IV - a Auditoria;

V - o Corpo Técnico e os serviços auxiliares.

Ressalte-se, por oportuno, que os Conselheiros do Tribunal de Contas, em número de sete, são escolhidos pela forma prevista na Constituição Estadual: serão nomeados pelo Governador do Estado e tomarão posse em sessão especial do Tribunal Pleno.

Desta forma, detectada alguma irregularidade administrativa antes referida, e, na Resolução nº 414/92, ao Setor Técnico caberá levar a conhecimento da Corte de Contas do Estado.

É conveniente ressaltar-se que o Regimento Interno do TCE conceitua duas Tomadas de Contas do Administrador: a primeira, denominada Tomada de Contas de Exercício ou Gestão, e a segunda, de Tomada de Contas Especial.

A primeira diz respeito ao procedimento normal a que são submetidos todos os atos administrativos, tais como o controle dos recursos financeiros e bens, emissão de empenho, autorização de pagamento, adiantamentos ou dispêndio de recursos ou que estejam obrigados seus responsáveis à prestação de contas.

Na verdade, a terminologia usada neste capítulo denominando esta tomada de contas como "normal" não é terminologia explícita contida no Regimento Interno do Tribunal de Contas. Entretanto, a esta conclusão é possível chegar à medida que no mesmo Regimento, ressalta-se a possibilidade de Tomada de Contas Especial, daí o Regimento que tal Tomada de Contas existirá mediante notícia de irregularidade praticada pelo administrador.

Desta forma, por vezes o Prefeito é surpreendido com a visita de uma equipe do Tribunal de Contas, a fim de proceder a averiguação nos seus diversos setores da administração. Tal visita, que foge aos padrões normais, ou do próprio cronograma do TCE, possivelmente esteja interligada intimamente com alguma notícia de irregularidade administrativa, provocada pela Câmara de Vereadores, ou por qualquer cidadão que deseja esclarecimentos sobre fatos que entende irregulares na Administração Pública.

Retomando o assunto específico deste capítulo, a respeito das defesas permitidas perante a Corte de Contas, ressalte-se mais uma vez que, constatada determinada irregularidade, possivelmente será formado um processo que envolve documentos, pareceres, e até uma investigação, ou perícias.

A partir daí, o referido Processo é distribuído ao Plenário do TCE, ou a uma de suas Câmaras.

Imaginemos que a irregularidade de um ato de determinado Prefeito formou (no linguajar leigo) um processo, que conseqüentemente será distribuído a uma Câmara, conforme o fluxograma abaixo:

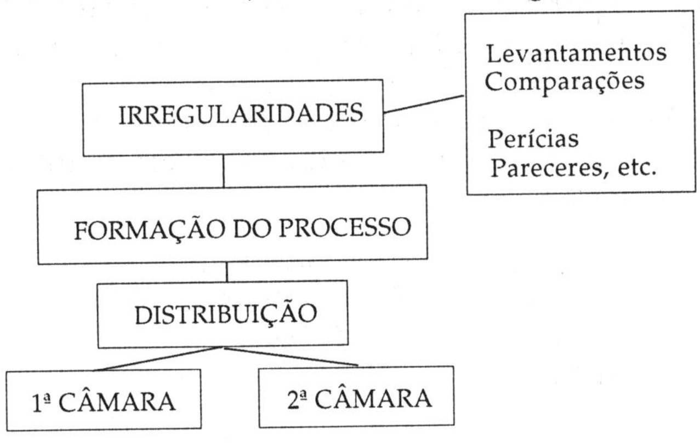

Cada processo será distribuído a um Relator.

Mas afinal qual a sua função? O que é um Relator?

O Relator consiste em um dos conselheiros do Tribunal de Contas, que obviamente faz parte de uma das Câmaras. Note-se que o Presidente do Tribunal de Contas jamais poderá ser Relator de qualquer processo.

Ao Relator, cabe examinar o processo em seus mínimos detalhes, assessorado pelo grupo de serviço técnico e pelos auditores. Após análise detalhada do processo, o referido Relator elabora um parecer sobre as irregularidades levantadas pelo grupo de apoio do TCE.

Neste parecer, o Relator poderá concordar que realmente existe irregularidade no ato administrativo ou poderá discordar de todo o levantamento efetuado pelo grupo de apoio técnico, entendendo, por exemplo, que apesar de o ato ser irregular, não é daqueles que eventualmente teriam causado prejuízo ao erário.

Finalmente, o Relator, concordando que os atos praticados por determinado Prefeito são irregulares, e realmente representam prejuízo ao erário, isto é, ao Poder Público, oferecerá um prazo de 30 dias para que o mencionado Prefeito apresente sua defesa, de acordo com o fluxograna abaixo, em continuação ao anterior:

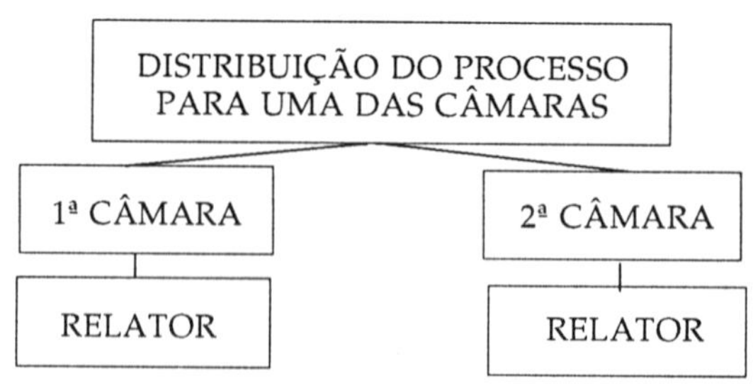

Imaginemos que no caso em tela o processo tenha sido distribuído à 1ª Câmara, e o Relator confirma, e está convencido da existência de irregularidades no ato administrativo. Sendo assim, de imediato oferecerá, na forma do art. 37 do Regimento do TCE, o prazo de 30 dias para o Prefeito apresentar sua defesa:

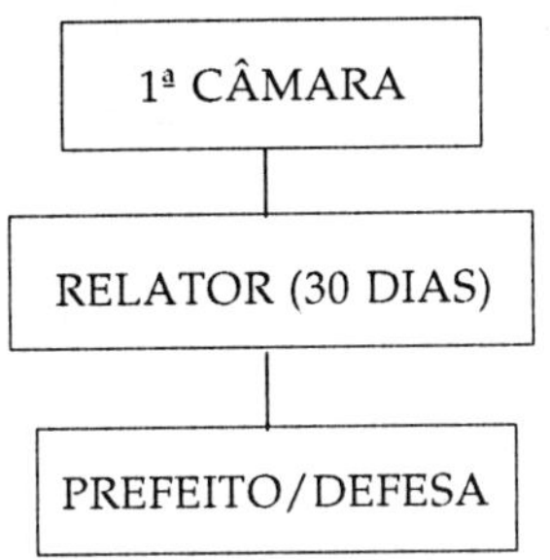

A fim de nos familiarizarmos com tais despachos do Conselheiro-Relator, transcrevemos abaixo uma determinação deste relator:

Exemplo:

"Ordenador de despesa: ____________________
Assunto: Prestação de Contas
Órgão: Prefeitura de ____________________
Processo nº: 3522/88-3
Determina o Sr. Conselheiro-Relator do Processo referido que se intime do despacho protocolado, assinado o prazo de 30 dias, a contar da ciência, para que apresente a defesa que entender necessária sobre os fatos destacados na instrução (cópia anexa), nos termos do art. 37, inciso III do Regimento Interno, juntando documentação comprobatória.
Data etc."

A defesa é oferecida no prazo de 30 dias, perante a Câmara a qual foi distribuído o processo. Suponha-se que a Câmara entenda que a defesa não procede, isto é, suas provas não mudam opinião dos 3 Conselheiros que integram aquela Câmara.

A partir daí, o Prefeito Municipal poderá formular um novo recurso, chamado de Embargos. Porém, estes embargos, nos quais poderão ser repetidos os mesmos argumentos da defesa anterior, serão apreciados pelo Tribunal Pleno, isto é, por todos os Conselheiros.

Os recursos estão previstos no Regimento Interno, em seu art. 129, a saber:

> "São cabíveis, observados os pressupostos estabelecidos na Lei Orgânica do Tribunal de Contas e neste Regulamento, os seguintes recursos:
> I - embargos;
> II - embargos de declaração."

Por outro lado, entende-se por embargos declaratórios o recurso que tem por objetivo esclarecer alguns pontos que ficaram duvidosos, ou contraditórios, ou que não esclareceram realmente o que pretendem demonstrar. Em síntese, os embargos declaratórios não servem para atacar diretamente o mérito da irregularidade apontada, a exemplo da defesa inicial, ou nos embargos antes referidos, mas servem simplesmente para elucidar, clarear os pontos duvidosos deixados na decisão do Tribunal de Contas.

Finalmente, outros recursos serão apreciados oportunamente, denominados de Reconsideração, Revisão, etc.

Ressalte-se, por oportuno, que o Prefeito, no prazo, de 30 (trinta) dias, terá de coletar toda a documentação possível para descaracterizar possíveis irregularidades constatadas em sua Prefeitura.

Um conselho de quem já viveu estes momentos! Não economize papel! Junte, se possível, toda a documentação comprobatória a respeito do assunto.

Isto quer dizer, o Prefeito deve tentar provar, por todos os meios, ou através de documentos, testemunhas, laudos, enfim, quaisquer outras provas possíveis, que efetivamente não praticou, não o fez de má-fé, isto é, não houve por parte do Prefeito, o *animus,* "a vontade", "o querer" praticar o ato irregular.

E qual razão do empenho que deve ter o Prefeito nesta fase da defesa, isto é, que o TCE venha realmente a convencer-se de que houve irregularidades que trouxe danos ao erário, provavelmente, tais fatos, com a justificativa do TCE, servirão de base para a 4ª Câmara Criminal, e, daí novamente o Prefeito passará a enfrentar novos problemas. Sendo assim, é conveniente resolver o impasse de imediato em nível de Tribunal de Contas.

Isto é um conselho de quem já passou por tudo isto.

O recurso de *embargos,* previsto no Regimento Interno do Tribunal de Contas, poderá ser interposto para que a matéria seja novamente apreciada, mas agora pelo *Tribunal Pleno.*

Lembre-se de que o *Tribunal Pleno é* composto por sete Conselheiros.

No mesmo sentido, poderão ser interpostos *Embargos Declaratórios,* quando da decisão da Câmara restou alguma dúvida, omissão, obscuridade ou contradição; tendo tais recursos oportunizado ao interessado um prazo de 30 (trinta) dias para recorrer.

Finalmente, ainda, caberá pedido de *reconsideração* das decisões do Tribunal Pleno, à exceção das decisões em *embargos* e em consultas.

Não havendo, depois destas alternativas, outro remédio, caso o Tribunal venha a manter a decisão inicial, do que pedir *revisão,* quando constatadas algumas destas circunstâncias.

I - violação de expressa disposição de lei;

II - erro de cálculo;

III - falsidade de documento em que se tenha baseado a decisão;

IV - surpeveniência de documentos novos, suscetível por si só de alterar a decisão anterior.

Sendo assim, duas observações aqui devem ser consignadas, para encerramento deste capítulo: a primeira diz respeito ao prazo do pedido de *revisão,* que será de 5 (cinco) anos, contados do trânsito em julgado, isto é, após esgotado o último recurso, e assim mesmo a decisão preliminar da Câmara do TCE tenha sido mantida. E, em segundo lugar, no que tange à não-suspensão da *execução da decisão.*

Ou seja, estejam atentos os Prefeitos de que o pedido de revisão não impede o prosseguimento da *execução.* Por exemplo, tendo o Prefeito que devolver determinada quantia ao Município, mesmo tendo entrado com o pedido de revisão, não impedirá que o Poder Público ajuíze pedido de execução contra a pessoa do ex-Prefeito para ressarcir o Município.

Nunca esquecendo que, pela Constituição de 1988, o *parecer prévio do Tribunal de* Contas é considerado título executivo. Sendo assim, o Município pode executar o ex-Prefeito, inclusive na expropriação de seus bens. Caso, evidentemente, todos os recursos tenham sido interpostos, e mesmo assim não obtivesse sucesso.

Repita-se, como alerta, cuidem os Prefeitos no contato com seus procuradores, para que não venham a perder prazos e para que não venha o ex-Prefeito a ser surpreendido por medidas desagradáveis.

8. Defesas perante o Tribunal de Justiça

Conforme já abordado na quinta parte desta obra, os Prefeitos Municipais possuem *foro privilegiado*, em razão do art. 29 da Constituição Federal. Significa dizer que o delito praticado pelo primeiro Mandatário do Município será conhecido diretamente por uma das Câmaras do Tribunal de Justiça do Estado.

O Rio Grande do Sul foi um dos Estados pioneiros em criar uma Câmara Especial para o julgamento dos Prefeitos e ex-Prefeitos.

Neste sentido, o órgão especializado em nível de Tribunal de Justiça Criminal do Estado do Rio Grande do Sul é representado pela 4ª Câmara Criminal.

É competente a 4ª Câmara Criminal para conhecer e julgar os delitos comuns (segundo o Código Penal), crimes de responsabilidade (Decreto-Lei 201/67, art 1º), crimes por abuso de autoridade (Lei nº 4.898), e contravenções penais eventualmente praticados pelos Prefeitos.

A Lei nº 8.038/90 disciplina o rito a ser seguido para o processamento do Prefeito ou ex-Prefeito.

Tem sido muito comum a conjugação de esforços entre o Ministério Público que exerce suas tarefas perante a 4ª Câmara Criminal e o Tribunal de Contas do Estado.

Esta conjugação de esforços é concretizada através de informações fornecidas pelo Tribunal de Contas à 4ª Câmara Criminal. Isto é, irregularidades constatadas pelos auditores da Corte de Contas, junto aos Municípios.

Neste sentido, dispõe o art. 1º da Lei nº 8.038 que o Ministério Público, tomando conhecimento de quaisquer irregularidades praticadas pelo Prefeito Municipal, terá o prazo de 15 dias para oferecer denúncia ou pedir arquivamento do inquérito.

Daí em diante, na hipótese de oferecimento de denúncia, será escolhido um Relator na forma do Regimento Interno do Tribunal.

Qual a função do Relator? O Relator é um dos desembargadores da Câmara especializada, encarregado de apreciar o Processo em todos os seus detalhes e informá-los posteriormente a seus pares.

Retomando o pensamento anterior, isto é, tendo o Ministério Público denunciado determinado Prefeito ou ex-Prefeito por qualquer delito acima mencionado, far-se-á sua notificação para no prazo de 15 (quinze) dias oferecer sua resposta.

A resposta a que alude o art. 4º da Lei nº 8.038 diz respeito à manifestação prévia do Prefeito, sobre o que está sendo denunciado .

Ressalte-se, por oportuno, que neste estágio do processo, a *denúncia* oferecida pelo Promotor ainda não foi recebida, e só será, caso o órgão especializado entenda que a resposta do Prefeito não fora convincente, a ponto de não ser admitida a *denúncia*.

Desta forma, o *Relator*, de posse ou não da *defesa* antes mencionada, "pedirá dia para que o Tribunal delibere sobre o *recebimento, a rejeição da denúncia,* ou da *queixa,* ou a *improcedência da acusação*" (art. 6º da Lei nº 8.038/90).

Resumindo-se:

Ministério Público ↓	
Oferece denúncia → ↓	Relator
Contra Prefeito → ↓	Disporá de 15 dias para apresentar uma resposta
Câmara recebe ou não a denúncia	

Tecnicamente, o ato processual do recebimento ou não da denúncia chama-se de *juízo de admissibilidade.*

É conveniente ao Prefeito demonstrar, nesta fase, que não teve participação no delito em que é acusado, e se participou, não o fez de forma dolosa.

No julgamento, para o recebimento da acusação, será permitida a sustentação oral pelo prazo de 15 (quinze) minutos, na forma do §1º do art. 6º da Lei nº 8.038/90.

Na hipótese de recebimento da denúncia, o relator designará dia e hora para o interrogatório, mandando citar o acusado, ou querelado (em caso de queixa-crime), e intimar o órgão do Ministério Público.

Após o interrogatório do Prefeito, terá ele o prazo de cinco dias para apresentação de sua defesa. É nesta fase processual que deverá indicar todas as provas que pretende produzir, inclusive testemunhal.

Concluída a inquirição de testemunhas, serão intimadas a acusação e a defesa, para eventuais requerimentos que julgarem necessários.

Realizadas as diligências, ou não sendo estas requeridas, nem determinadas pelo próprio Relator, serão intimadas a acusação e a defesa, para, sucessivamente apresentarem, no prazo de quinze dias, as alegações escritas.

Concluídos os atos processuais acima referidos, a *acusação* e a *defesa terão prazo de uma hora para sustentação oral, assegurando ao assistente da acusação um quarto de tempo da acusação.*

Encerrados os debates, o Tribunal, teoricamente, está apto a proferir o Julgamento.

A fim de facilitar o entendimento do andamento processual, apresentamos o resumo abaixo:

MP → ↓	Denúncia
Prefeito → ↓	15 dias apresenta defesa ou não
Tribunal → ↓	Recebe a denúncia ou não Recebendo, designa-se data para o interrogatório
Interrogatório do Prefeito → ↓	5 dias para apresentação de defesa
Ouvem-se as testemunhas ↓	
Prefeito disporá de 5 dias para eventuais diligências ↓	
Prefeito terá 15 dias para apresentar alegações finais ↓	
Ato processual final → ↓	Debates 1 hora para sustentação oral
JULGAMENTO	

Em síntese, são estes os passos previstos na Lei nº 8.038/90, para defesa de Prefeito ou ex-Prefeito, perante a Câmara Criminal.

Não é objetivo deste trabalho tecer comentários exaustivos a respeito dos Recursos cabíveis, em caso de condenação do Prefeito.

Todavia, cabe salientar que os Recursos para o Supremo Tribunal Federal ou Superior Tribunal de Justiça, previstos nos arts. 102, III, ou 105, III, da Constituição Federal, conforme o caso, deverão ater-se, fundamentalmente, à matéria de direito. Isto é, a tese da defesa se concentrará em uma lei constitucional ou infraconstitucional, que tenha sido desrespeitada no julgamento.

A matéria que trata do fato, em princípio não pode ser levada a conhecimento do STF ou STJ.

Desta forma, é conveniente que o Prefeito ou ex-Prefeito, em todos os momentos processuais, que lhe seja oportunizado, em apresentar defesas, apresente um prequestionamento. Ou seja, algum detalhe invocado que diga respeito à inobservância de legislação federal ou constitucional, a fim de que possa levar seu Processo a conhecimento do STF ou STJ.

Para tanto, trazemos a conhecimento do leitor as Súmulas 279 e 282, a saber:

> "279 - Para simples reexame de prova não cabe recurso extraordinário".

> "282 - É inadmissível o recurso extraordinário, quando não ventilado, na decisão recorrida a questão federal suscitada".

Concluímos este capítulo, afirmando, mais uma vez, que é possível administrar com lisura e sem problemas. Mas esta possibilidade não se vincula tão-somente a um bom assessoramento, mas sobretudo, que o próprio Prefeito tenha interesse em conhecer suas responsabilidades e os riscos que corre em caso de sua inobservação. A tranqüilidade e a paz de espírito ainda são fatores relevantes para o bem-estar do indivíduo. Referimo-nos principalmente às dores de cabeça que poderão ocorrer após o término do mandato, em conseqüência de atos praticados irregularmente.

9. Prática

9.1. Defesa no Tribunal de Contas

Sob o título acima, é evidente que não há condições de esgotar a matéria, entretanto, de forma simples, objetivamos levar algum conhecimento que poderá ser útil.

Transcrevemos abaixo um caso prático, acontecido com o próprio autor. Contudo, não serão mencionados os nomes dos Conselheiros, nem tampouco a Câmara que apreciou o Recurso. A intenção restringe-se, tão-somente a demonstrar a forma de um *parecer* e as *defesas* subseqüentes.

No caso em tela, entendeu a Câmara "Y", do Tribunal de Contas, em julgar desfavorável a aprovação das Contas Municipais do ano de 1987.

Neste sentido, após o levantamento pelos Técnicos do Tribunal de Contas, junto à Prefeitura Municipal, de todas as irregularidades, remetem-nas a conhecimento de uma Câmara do Tribunal de Contas, que por dever de função deverá apreciá-las.

Sendo assim, transcrevemos a seguir um *parecer*, devidamente resumido, a título de exemplo:

"TRIBUNAL DE CONTAS DO ESTADO
GABINETE DO CONSELHEIRO .-.-.-.-
PROCESSO Nº .-.-.-.-
INTERESSADA: Prefeitura Municipal de -.-.-.-

ASSUNTO: Prestação de Contas - Exercício de 1987

SESSÃO DE (data) - Câmara .-.-.-
VISTA (no caso em tela, houve discordância de um Conselheiro, que votou favorável às contas do Prefeito, e de dois Conselheiros que foram desfavoráveis).

VISTA
Presente está a dissensão decorrente dos votos do Conselheiro-Relator, "Fulano de Tal" e do Conselheiro "Beltrano de Tal", conforme se vê de fls., dos autos.

Entende o ilustre Conselheiro-Relator que as Contas do Senhor *Voltaire Missel Michel*, da Prefeitura Municipal de São Jerônimo, exercício financeiro de 1987, se enquadra nos limites do art. 5º, parágrafo único da Resolução nº 414,/92 da Casa e, por este motivo, merece *parecer favorável*, com ressalvas a serem fixadas nos empenhos conforme descrito no Relatório.

Discorda, por seu turno, o Conselheiro-Substituto, externando entendimento no sentido de emissão de *parecer* desfavorável às contas da autoridade acima referida, fundamentando a divergência no fato da existência de delito do ex-Prefeito, para com o Município, decorrente de glosa, bem como por descumprimento desta autoridade, de decisão anterior desta Câmara.

A Resolução nº 414/92 estabelece uniformização de critérios para emissão de Parecer sobre as contas das autoridades que manuseiam verbas públicas e, como tal, representa a orientação jurisprudencial da Casa. Fixa os limites, mas não exaure as hipóteses a serem apreciadas.

Assim sendo, incumbe repassar os empenhos glosados e deles vê-se que, como bem destacado no Parecer nº 84/91, de fls. 199/204, da Auditoria e também do Parecer nº 131/92-6, do Ministério Público, que referidos documentos glosados, além do aspecto de referirem-se a auxílios concedidos a entidades estranhas à Administração Municipal, *o que por si só não caracteriza irregularidade*, feriram o princípio da impessoalidade e, demais, em obediência à Lei Federal nº 4.320/64, teriam que ser contabilizados, *como transferências correntes, e sua distribuição deveria obedecer o prévio plano de concessões fixado em lei*" (os grifos são nossos).

À época, havia-se concedido, auxílio à Casa da Criança, bem como à Gincana de São Jerônimo, e outras entidades em funcionamento no Município. A Câmara entendeu que o *lançamento contábil* não fora correto, e que deveria ter obedecido a um *plano de concessões*.

E continua o *parecer* da Câmara:

"Contudo, na situação em análise, soma-se à *equivocada classificação contábil das referidas despesas*, o fato de inexistir legislação edilícia autorizando o Poder Executivo a distribuir estes auxílios, decorrendo daí inequívoca ilegalidade, como bem destacado pela Douta Procuradoria.

De resto, é também o Procurador-Geral que, no mesmo diapasão da Auditoria da Corte, conclui que:

'...o simples fato de classificação contábil ter se efetivado sob o elemento 'outros encargos e serviços' revela que o orçamento do Município não dispunha de dotações específicas e suficientes para fazer face àqueles gastos (*apud* fl. 253).

Nesta linha, entendo ter ocorrido infringência ao art. 3º, I, III, V, XI da Resolução nº 414/92 do Tribunal de Contas e que sobejam as excludentes contidas no art. 5º e seu parágrafo único, da mesma Resolução e, assim sendo, não vejo como emitir conceito favorável às contas do ex-Prefeito do Município de São Jerônimo.'

E conclui o *parecer:*

O Tribunal de Contas detém autonomia jurisprudencial, e suas decisões, na esfera administrativa, transitam em julgado. Como tal, independem do Poder Judiciário e detêm eficácia plena. Incumbe sua viabilização.

O Parecer Prévio favorável ou desfavorável pressupõe o vencimento de uma série de elementos e, muito embora não embutido na Resolução nº 414/92 do Tribunal de Contas um conceito, este é de transcedental importância para que o entendimento à aprovação das Contas de uma autoridade seja condicionada à sua implementação. *A autoridade responsável pelos atos e despesas analisadas não pode ser devedor passivo de execução por parte do erário, em decorrência de seus atos como tal.*

Com efeito, seria negar eficácia a qualquer decisão condenatória que, em sancionando, auto-sobrestasse suas conseqüências sem qualquer provocação do agente interessado. E mais, estaria a sugerir ao mesmo para que não acatasse a condenação do Tribunal e que fosse ao Judiciário para desconstituir uma decisão regular e soberanamente produzida.

Além da autolimitação, esta postura não caracterizaria a melhor orientação às autoridades que manuseiam verbas públicas, visto que adrede sabedoras da má sanção pelo inadimplemento.

Por este motivo, à luz do art.3º, I, III, V e XI, da Resolução nº 414/92, e também pela parte final da presente fundamentação, acompanho o Conselheiro-Substituto, e voto pela emissão de *parecer desfavorável* às contas do Senhor Prefeito Municipal de São Jerônimo, referente ao exercício de 1987.

Em (data)

Assinatura do Conselheiro".

No caso acima, um dos Conselheiros pediu vista, isto é, solicitou prazo para sua manifestação, e em resumo, concordou com o outro Conselheiro que havia emitido voto desfavorável. Desta forma, por maioria da Câmara, as contas teriam sido rejeitadas.

A partir daí, o Tribunal de Contas remete ao Senhor Prefeito ou ex-Prefeito, nos seguintes moldes:

"TRIBUNAL DE CONTAS DO RIO GRANDE DO SUL
GABINETE DO SUPERINTENDENTE-GERAL
PROCESSO Nº .-.-.-

Prezado Senhor!

Levo ao seu conhecimento que a .-.-.-Câmara deste Tribunal, em Sessão de .-.-.-, examinando o Processo que trata da Prestação de Contas de 1987, da Prefeitura de São Jerônimo, proferiu a aeguinte decisão:

'A .-.-.-.-Câmara, por maioria, pelos votos dos Senhores Conselheiros *Fulano de Tal* e *Beltrano de Tal* decide emitir Parecer sob nº.-.-, *desfavorável* à aprovação das contas do Senhor *Voltaire Missel Michel*, Prefeito Municipal de São Jerônimo, no exercício de 1987, pelas razões e fundamentos expostos nas folhas 280 a 283 à luz do artigo 3º, incisos I, III,V e XI, da Resolução do TC nº 414/92

O Senhor Conselheiro-Relator, voto vencido, pela emissão de *parecer favorável*, de conformidade com o parágrafo único do artigo 5º da Resolução TC nº 414/92, devendo as ressalvas fixarem-se sobre os empenhos descritos no Relatório'.

Tendo em vista a decisão acima transcrita, encaminho-lhe cópia do referido Parecer.

Atenciosamente,
SUPERINTENDENTE-GERAL".

A este Parecer, é possível interpor recurso conforme já analisamos em capítulo anterior. No caso em tela, efetivamente elaboramos, à época, Recurso de *embargos*, cabível nas decisões proferidas por uma Câmara. Tal recurso deve ser apreciado, agora sim, pelo Tribunal Pleno, isto é, com todos os seus integrantes.

Transcrevemos, abaixo, o referido Recurso, de forma reduzida.

"EXMO. SR.
CONSELHEIRO PRESIDENTE DA 2ª CÂMARA DO
TRIBUNAL DE CONTAS DO
ESTADO DO RIO GRANDE DO SUL

Voltaire Missel Michel, (qualificação), nos autos do Processo nº -.-.-., respeitosamente vem à presença de V. Exa. e desta Colenda Câmara, com a máxima vênia, inconformado com a decisão parcial a respeito da responsabilidade do peticionário, na qualidade à época (1987) de Prefeito de São Jerônimo, *requerer* a remessa dos autos ao *TRIBUNAL PLENO*, para apreciação de seus *embargos*, na forma do artigo 132 do Regimento Interno.

P.Deferimento
Data
Assinatura.

EGRÉGIO TRIBUNAL!

PRELIMINARMENTE

Algumas considerações preliminares sobre a competência de Julgamento por esta Corte devem ser, apreciadas, à luz do artigo 49, inciso IX, da Constituição Federal.

No dizer de *Waline*, o papel da corte de Contas não é o de exercer julgamento sobre a culpabilidade subjetiva do responsável, mas unicamente o de examinar a regularidade objetiva da conta. Conforme clássico provérbio "a Corte de Contas julga as contas, não julga os responsáveis pelas contas" (cf. *Droit Administratif* 8ª ed.,1963, p.156 *in Comentários à Constituição Federal*, Cretella Junior, p. 2.797)

Ora Exas.! Apesar da premissa acima, tida como geral para apreciação das Contas do Administrador Público, mesmo assim foi violada, ao apreciar as Contas do Recorrente, no ano de 1987, face à concessão de auxílio a entidades privadas, e, conseqüente classificação incorreta dos referidos empenhos.

NO MÉRITO

Repita-se aquilo que já foi afirmado em Recursos anteriores. A municipalidade não conta com um aparato contábil de real capacidade e competência, acrescentando-se a ausência por parte do Tribunal de Contas no sentido de fiscalizar e informar as irregularidades constatadas na época oportuna, de forma a prevenir situações como esta, no momento em apreciação em grau Recursal. Infelizmente, tais fatos repetir-se-ão no seio da Administração Pública Municipal, não por Dolo do Administrador, mas até mesmo por falta de competência de sua assessoria.

O Parecer da Colenda Câmara, ao apreciar as irregularidades, afirma às fls. 209:

'A classificação dos empenhos não está correta, deveria ser 'transferências correntes' subvenções gerais que exige um orçamento - *Gabinete do Prefeito e órgãos auxiliares*'.

Ora, Exas.! Constatem-se efetivamente que houve um *erro* de classificação dos empenhos, não se vislumbrou qualquer *dolo* por parte do Recorrente, sendo assim a penalidade excessiva dosada ao peticionário e no mínimo injusta.

Entretanto, teve por objetivo o Administrador Público, incentivar a Cultura, Classe Rural, Esporte e, principalmente, a Comunidade Carente, não se afastando dos princípios que norteiam o Administrador Público, ou seja, pessoalidade, legalidade e moralidade.

Concernente à falta de critérios de classificação, a própria doutrina é unânime no sentido de que a rubrica "*Transferências Correntes*" ainda não chegou a um denominador comum para orientar o processo de classsificação. Em outras palavras, faltam ainda critérios técnico-científicos (*in Lei 4.320 Comentada,* J. Teixeira Machado Junior, Heraldo da Costa Reis).

Contudo, deve-se ressaltar a esta altura a exemplos de Recursos anteriores subscrito pelo Recorrente, o entendimento do sempre brilhante *Hely Lopes Meirelles,* em sua obra *Direito Municipal Brasileiro,* pp. 600 e 601, 5ª ed., no sentido de que:

'Ao Prefeito, como os demais agentes políticos, se supõe o dever de tomar decisões governamentais de alta complexidade e importância, de interpretar as Leis e de converter os seus mandamentos em atos administrativos das mais variadas espécies. Nessa Missão político-administrativa *é admissível que o Governante erre* (o grifo é nosso), que se equivoque na interpretação e aplicação da Lei, que se confunda na apreciação da conveniência e oportunidades das medidas executivas sujeitas a sua decisão e determinação. Desde que o *Chefe do Executivo erre em boa-fé* (o grifo é nosso), sem abuso de poder, sem intuito de perseguição, ou favoritismo, não fica sujeito à responsabilidade Civil, ainda que seus atos lesem a Administração ou causem danos patrimoniais a terceiros'.

E continua *Hely Lopes Meirelles:*

'...e assim é porque os agentes políticos, no desempenho de suas atribuições de governo, defrontam-se a todo momento com situações novas e do que ocorre na *Justiça* em que o *Juiz* é obrigado a decidir, ainda que na ausência ou na obscuridade da Lei. Por isso mesmo, admite-se para essas autoridades uma certa margem de falibilidade nos seus julgamentos'."

Como o Recurso apresentado tem por finalidade mostrar um simples esboço, não há necessidade de detalhes deste remédio recursal. É bem verdade que a partir deste ponto, o recorrente deve analisar as irregularidades uma a uma, sempre procurando levar seus argumentos à inexistência de dolo, entretanto para maior entendimento consignamos abaixo, tão-somente os requerimentos finais do recurso, a saber:

Conclusão do Recurso

"Sinale-se por oportuno e por se tratar do nó górdio do problema, que não houve qualquer desvio de recursos ou favorecimento ilegal. Trata-se, no caso, de uma mera irregularidade contábil, que seria suprimida pelo simples lançamento contábil de forma correta, dos auxílios concedidos, através inclusive, de um estorno contábil.

Consoante, o que dispõe o artigo 5º, parágrafo único, da Resolução 414/92: 'A prática isolada de falhas Administrativas ou de irregularidades...'

E complementa seu parágrafo único:

'Neste caso o parecer ou decisão conterá ressalvas que poderão consistir em advertência...'

Ora, Exas.! Na pior das hipóteses s.m.j., a penalidade socorrendo-se do artigo 5º da Resolução 414 seria tão somente a *advertência*; culminando-se com a anulação do ato contábil, todavia, *devolução de verbas* que não recebeu ou não cooperou em qualquer prejuízo ao erário de forma *dolosa*, é medida indubitavelmente *injusta*, impetrada ao *Recorrente*, de acordo com o brilhante *parecer* do ilustre Conselheiro-Relator Dr. CICRANO DE TAL que proferiu seu voto favorável às contas do Recorrente.

Sendo assim, não tendo havido malversação de Recursos Públicos, certamente não houve dolo patrimonial ao erário, e de conseqüência, nada há a reparar, s.m.j.

Os valores dispendidos, se na rubrica certa, estariam como estão, bem aplicados, sob a ótica do Egrégio T.C.E.

Se admitirmos, o que se requer, que houve apenas irregularidade administrativa perfeitamente sanável, consoante Parecer do ilustre Conselheiro Dr. Fulano de Tal, que votou favorável às contas do Recorrente, isto é, sem a presença de *dolo*, nada deverá repor o Recorrente, cuja intenção e ação já foi noticiada e o demonstra a documentação que instrui o Processo Nº -.-.- para o que requer seu apensamento.

DOS REQUERIMENTOS

a) *Requer* seja oficiado o Poder Público Municipal de São Jerônimo, para que informe sobre o procedimento dos requisitos legais das entidades privadas, beneficiadas com o Ato Administrativo impugnado;

b) *Requer* levantamento na Contabilidade do Poder Público Municipal, para apurar-se a possibilidade de extorno contábil para a classificação correta da rubrica à época;

c) *Requer* finalmente seja intimado o Recorrente previamente para o Julgamento do feito, para que proceda na forma do artigo 46 do Regimento Interno doTCE, *sustentação oral*, esclarecimento dos fatos;

d) *Requer* oportunamente a juntada de documento comprobatório do Recolhimento de multa código 478.

Isto posto, Requer finalmente, seja a decisão proferida pela 2ª Câmara, reformada, com elevado senso de Justiça, que sempre caracterizou este Egrégio Tribunal.

P. Deferimento

Data

Assinatura do Recorrente".

Desta forma, entregue o Recurso, junto ao Tribunal de Contas, no prazo legal, o Recorrente deve aguardar sua intimação da data em que será realizada a Sessão de Julgamento.

Deve-se ter percebido que, ao final, foi elaborado um requerimento no sentido de proceder à sustenção oral das razões contidas neste Recurso. Nota-se que há muitos colegas que não comungam com nossa opinião. Entendem eles que não é conveniente a *sustentação oral*, porquanto ao invés de auxiliar no Recurso poderia atrapalhá-lo.

Contudo, entendemos o contrário, pois quanto mais se tentar demonstrar aos Conselheiros que se pretende, efetivamente, elucidar a matéria e, sobretudo, demonstrar a inexistência de dolo, é sempre conveniente a sustentação oral. Entretanto, tal assunto ficará a cargo da Assessoria do Prefeito.

Ora, nesse caso, como foi requerida, efetivamente, esta ocorreu.

Durante a sustentação oral, muitas dúvidas foram suscitadas, inclusive transcrita aqui a manifestação brilhante, do Doutor Celestino Goulart, um dos homens mais equilibrados que a política do Rio Grande do Sul já possuiu e sua bagagem histórico-político. Por sinal, lamenta-se que homens desta estirpe ainda não estejam labutando na política deste Estado. Apesar de ser um homem que conviveu politicamente nos tempos da chamada *"Ditadura Militar"*, indiscutivelmente sempre foi um *democrata equilibrado*, não só como legislador, mas também em cargos *executivos,* ressaltando-se seu trabalho como Prefeito de Caçapava, onde praticamente deu início a sua carreira que o enobrece e envaidece o Rio Grande do Sul.

Durante a sustentação oral, diz ele:

"Senhor Presidente, embora o Conselheiro Fulano de Tal tenha solicitado vista deste Processo, me sinto no dever de dizer alguma coisa a respeito dele. *Enxerguei-me* ali, avistei Prefeito de Caçapava, de 1957 a 1959, e, evidentemente gostaria de deixar bem claro, alguns aspectos aqui, para aqueles que não tenham essa convivência maior com o Tribunal de Contas, ficassem cientes do seguinte: em primeiro lugar, o Tribunal de Contas, tem uma competência que tem que cumprir. Em nenhum momento, neste Processo, ou no Parecer do Ministério Público, no momento da instrução, tem qualquer palavra que atinja a honra e a dignidade do Doutor Voltaire. Vamos deixar bem claro isto! Pelo fato de um Prefeito ter praticado iregularidade contábil ou no caso de Vossa Excelência, que recolheu a multa fora do prazo, determinado por esta Casa, entendeu que aquela irregularidade é um crime, quando na verdade não é".

E conclui:

"Gostaria de deixar para que Vossa Excelência saia daqui tranqüilo, embora com os dissabores que teve e que terá todo o homem público sempre na vida, porque o que é bom se esquece, e aquilo que é ruim ou se pensa que é ruim, não se esquece nunca na vida. Leve Vossa Excelência a palavra deste Ministério Público.

Plenário Gaspar Silveira Martins
Porto Alegre, 01/06/94.
Secretário das Sessões".

Concluída a sustentação oral, os Srs. Conselheiros entendiam que ainda não estavam aptos a proferir suas decisões.

Então deveriam continuar aguardando...

As irregularidades correspondiam ao ano de 1987.

O Recurso antes referido foi interposto em 25/06/93.

A sustentação oral ocorreu em 01/06/94.

E o julgamento final definitivo ocorreu somente em 19/10/94.

Indiscutivelmente foram os mais longos anos de minha vida!

Pois entre 1987 e 1994, vivendo em uma cidade pequena do interior, sempre pairavam dúvidas a respeito de meu comportamento, questão como esta a todo momento formulada na estação de rádio local, jornal e comunidade em geral: "Será que houve roubo?". Ou então, afirmativas neste sentido: "ele ajeitou-se financeiramente"; e outros mais incisivos, "este não retorna mais à política, o TCE já decidiu que suas contas são totalmente irregulares"...

Tudo isto marcou-me profundamente, não só em mim, mas na minha família principalmente. Foram sete anos de angústia, aguardando uma decisão definitiva do TCE.

Isto tudo sem falar nos inimigos políticos, que tripudiavam sobre os fatos, que sequer tinham sido apreciados definitivamente.

Finalmente, em 19 de outubro de 1994, ocorre a decisão definitiva:

"TRIBUNAL DE CONTAS
DO RIO GRANDE DO SUL
GABINETE DO SUPERINTENDENTE-GERAL
Of. Gab. S. G. nº -.-.-
PORTO ALEGRE, 01 DE OUTUBRO DE 1994
Proc. nº -.-.-

Prezado Senhor:

Levo ao seu conhecimento que Tribunal Pleno, em Sessão de 21/09/94, examinando o processo que trata do Recurso de Embargos interposto por Vossa Senhoria, referente à decisão prolatada no Processo nº -.- (Prestação de Contas de 1987, da Prefeitura Municipal de São Jerônimo), proferiu a seguinte decisão:

'O Tribunal Pleno, à unanimidade, acolhendo o voto do Sr. Conselheiro Relator, pela razão e fundamentos expostos na folha 32, decide dar integral provimento ao Recurso de *embargos*, devendo a Superintendência-Geral tomar as providências para o cancelamento da Certidão nº 104/92 e, em conseqüência emitir Parecer sob nº 7005, *favorável a aprovação das contas do Senhor Voltaire Missel Michel,* ex-Prefeito Municipal de São Jerônimo, exercício de 1987'.

Tendo em vista a decisão acima transcrita, encaminho-lhe cópia do Parecer nº 7005.

Atenciosamente,
Auditor Público externo.
Superintendência-Geral".

Assim, estava concluída uma etapa.

Mas quem e como será devolvida a angústia passada ao longo de sete anos? O prejuízo sofrido?

Por tudo isto, alertamos: tomem cuidado, desde o início, quando do levantamento das irregularidades constatadas no Município pela Auditoria do Tribunal de Contas.

Isto tudo, sem contar que durante os sete anos, o Prefeito que sucedeu, usando da faculdade que a lei dispõe, ajuizou Processo de Execução, solicitou a devolução dos valores levantados e tidos como irregulares pelo TCE. Uma vez que a Certidão Preliminar que julgou desfavorável as contas de 1987 representava pela Constituição de 1988 um título executivo.

Apesar de tudo, hoje, ao concluir este trabalho, pensamos em ajuizar uma ação por danos morais. Contra quem? Aida não efetivamos um estudo mais criterioso sobre a matéria, mas, entendo cabível. Todavia, isto, será assunto para os próximos meses ou anos.

Finalmente, tentamos, neste item 10, demonstrar, com muita simplicidade, os procedimentos adotados. Quanto ao assunto que trataremos a seguir, diz respeito aos procedimentos (práticas), agora perante a 4ª Câmara Criminal.

9.2. Defesa no Tribunal de Justiça

Quando pensávamos que as agruras do homem público estavam concluídas, fomos surpreendidos, novamente, por uma *denúncia*, agora do Ministério Público, que atua junto à 4ª Câmara Criminal do Estado do Rio Grande do Sul.

Desta forma, tudo recomeçou, por caminhos diferentes aos que foram seguidos anteriormente.

O fato, objeto da denúncia, transcorreu mais ou menos da seguinte forma:

Tendo sido eleito vice-Prefeito em 1982, fui obrigado a assumir o cargo de Prefeito Municipal em 1987, em conseqüência da morte de seu titular.

Ao assumir o cargo de Prefeito, naquela data, tomei conhecimento que o Prefeito falecido havia combinado com os subprefeitos do interior, que usassem seus próprios veículos a serviço do Município. Uma vez que, com a emancipação do distrito de Charqueadas, ficara o Município de São Jerônimo em situação financeira extremamente difícil.

O então distrito de Charqueadas levou, em sua emancipação, em torno de 65% do ICM total do Município de São Jerônimo. Curiosamente, e sob o ponto de vista da Receita Municipal, o município-mãe ficara naquele momento quase que inadministrável.

Eis a denúncia:

"O MINISTÉRIO PÚBLICO, POR SEU PROCURADOR DE JUSTIÇA SIGNATÁRIO, COM BASE NO INQUÉRITO POLICIAL Nº 004/94, ORIUNDO DA DELEGACIA DE POLÍCIA DE SÃO JERÔNIMO, OFERECE DENÚNCIA CONTRA:

VOLTAIRE MISSEL MICHEL, brasileiro, separado judicialmente, com 42 anos de idade, advogado, ex-Prefeito de São Jerônimo, filho de Hedo de Castro Michel, e de Maria Conceição Missel Michel, e (qualificação do subprefeito), pela prática do seguinte:

FATO DELITUOSO:

Em 29 de Julho de 1988, em horário não determinado, na Prefeitura de São Jerônimo, os acusados, previamente ajustados e em conjugação de esforços, utilizaram-se, indevidamente, de renda pública, em proveito do denunciado *fulano de tal*, sub-Prefeito.

Dias antes, *fulano de tal*, levara seu veículo particular, VW Gol, à oficina "X", onde efetuou diversos consertos mecânicos, com autorização expressa do acusado VOLTAIRE, que garantiu que o Município arcaria com as despesas.

As despesas totalizaram Cz$ 90.270,00 (noventa mil, duzentos e setenta cruzados), conforme positivam as notas fiscais nºs. 10586, 10581, 10584, 10585, 9501 e 9500 (fls. 06/09).

No dia 29 de Julho de 1988, o acusado VOLTAIRE, prevalecendo-se do cargo de Prefeito Municipal, determinou através do empenho de fls. 04, o pagamento de parte das despesas particulares efetuadas pelo acusado o sub-Prefeito *fulanto de tal*, no valor de Cz$ 25.000,00 (vinte e cinco mil cruzados), consumando assim, a utilização de renda pública em proveito alheio.

Assim agindo, VOLTAIRE MISSEL MICHEL e o sub-Prefeito *fulano de tal*, incorreram nas penas do inciso II do art. 1º do Decreto-Lei nº 201, na forma do art. 29, *caput*, do Código Penal, pelo que requer o Ministério Público sejam os denunciados notificados para apresentação de resposta escrita, seguindo-se o recebimento da denúncia, interrogatória e demais tetmos até final julgamento e condenação. Requer, outrossim, a intimação das testemunhas adiante arroladas, para inquirição em juízo.

Porto Alegre, 19 de dezembro de 1994.

LUIZ CARLOS ZIOMKOWSKI
Procurador de Justiça

TESTEMUNHAS:
1) A...
2) B...
3) C..."

Constata-se nesta denúncia que o Exmo. Sr. Procurador de Justiça pretendia ver condenado o ex-Prefeito e subprefeito à época. As razões da denúncia diziam respeito, como já foi dito, à aplicação de verba pública em favor de particulares. É bem verdade que haveria uma correspondência da tipificação, constando no Dec.-Lei 201/67 e ao art.

312 do Código Penal. Desta forma, mesmo não estando mais o Prefeito em seu cargo, ainda assim, poderá ser responsabilizado, face à correspondência destes dois artigos.

Conforme ressaltamos, no Capítulo 5, a respeito da Lei 8.038, que rege a matéria sobre o procedimento de *defesa*, perante o Tribunal de Justiça, através de sua Câmara especializada. Ora, no caso prático acima narrado, o Réu ex-Prefeito, terá 15 dias para apresentar sua *defesa preliminar.* Após esta *defesa,* a Câmara ou receberá a denúncia ou a rejeitará; daí diz-se que, neste estágio do *processo,* ocorre o chamado *juízo de admissibilidade.*

Sendo assim, é conveniente ao Réu demonstrar, nesta *defesa preliminar,* todos os argumentos em seu favor, a fim de que a Câmara Criminal não venha a receber a denúncia. Qual a razão desta atitude? A resposta é simples, pois ao não receber a denúncia obviamente o procedimento ingressará na 2ª fase. Isto é, em caso de recebimento da denúncia, o Réu submeter-se-á a um interrogatório, posteriormente a este ato processual deverá elaborar nova defesa preliminar, arrolando testemunhas e finalmente com as alegações finais, de acordo com a descrição no capítulo 8, cujo roteiro mencionamos de forma detalhada.

Retornando ao Processo mencionado, transcrevemos a seguir a *defesa preliminar,* que representa mera sugestão:

"EXMO. SR. DR. DESEMBARGADOR DA 4ª CÂMARA CRIMINAL DO TRIBUNAL DE JUSTIÇA DO ESTADO DO RIO GRANDE DO SUL

VOLTAIRE MISSEL MICHEL, brasileiro, separado, advogado, OAB/RS 11.287, com escritório profissional à rua Cel. Soares de Carvalho, 409, em São Jerônimo, respeitosamente vem à presença de V. Exa. por intermédio de seu procurador abaixo assinado, e conforme instrumento procuratório em anexo (doc. 01), de conformidade com a Lei nº 8.038 de 27/04/90, em seu art. 4º oferecer a sua

RESPOSTA, à
DENÚNCIA oferecida pelo ilustre Representante do Ministério Público, com fundamento no inciso II, do art. 1º do Decreto-Lei nº 201/67, c/c art. 29 *caput* do Código Penal, e aduz em

PRELIMINAR, o que segue:
1 - FATO
1.1 O suplicante foi eleito Vice-Prefeito do Município de São Jerônimo no ano de 1982, de acordo com o documento em anexo (doc. 2);
1.2 Que em razão da morte do Prefeito Titular, ocorrida em 1987, o peticionário assumiu o GOVERNO MUNICIPAL DE SÃO JERÔNIMO, cumprindo o restante do mandato até 1988;
1.3 Todavia, as DIFICULDADES FINANCEIRAS DO MUNICÍPIO À ÉPOCA representavam sem dúvida alguma, um caso *sui generis*, não só no Estado do Rio Grande do Sul, *mas até mesmo no Brasil*, pois com a EMANCIPAÇÃO DO ENTÃO DISTRITO DE CHARQUEADAS, houve uma redução de nada mais, nada menos, do que 65% do retorno do ICM a que tinha direito o Município de São Jerônimo, gerando desta forma um verdadeiro caos, em termos administrativos."

A esta altura, poderá o Réu demonstrar com clareza as dificuldades que enfrentou quando *administrador* do Município. Suas causas e conseqüências, demonstrou o quadro real do Município, inclusive no contexto nacional. Após tais considerações, a *defesa* passaria a analisar o *mérito* em si.

MÉRITO

1 - DA INEXISTÊNCIA DE TIPIFICAÇÃO PENAL DA LEGISLAÇÃO COMUM NA DENÚNCIA

A *denúncia* oferecida contra o Suplicado teve, como fundamento o inciso II, do art. 1º do Decreto-Lei nº 201/67, c/c art. 29 do Código Penal.

Ao delito capitulado na DENÚNCIA não há correspondência na legislação penal comum (*in, Responsabilidade dos Prefeitos e Vereadores,* Pedro Lúcio Nogueira, p. 312).

Desta forma, estando extinto o Mandato eletivo do *denunciado,* não há o que responder por eventual delito praticado naquele período.

De outro lado, *serviços públicos,* segundo o sempre lembrado *Hely Lopes Meirelles,* são os 'que a administração presta diretamente à comunidade, ao reconhecer que a sua utilização é uma necessidade coletiva e perene'.

A utilização dos serviços públicos, a que se refere a Lei, para tipificar o crime, há de ser indevido, isto é, praticada contra a Lei ou os regulamentos públicos existentes.

Ocorre, Exa., que o *denunciado* assumiu o comando do Município de São Jerônimo em 1987, nas condições referidas na Preliminar de Mérito desta *defesa.*

Ora, com a necessidade de conservação das estradas da área rural e seus distritos principais de Barão do Triunfo (hoje emancipado) e Quitéria, distantes cerca de 100 quilômetros da sede municipal, tornava-se praticamente impossível administrar o *Município de São Jerônimo,* que face às circunstâncias encontrava-se em precária situação financeira. Sem as condições mínimas de possibilidade em administrá-lo.

Ressalte-se, por outro lado, que o segundo denunciado, o *subprefeito,* ocupava à época do fato narrado na peça vestibular acusatória o cargo de *subprefeito do Distrito de Barão do Triunfo* (hoje Município de Barão do Triunfo), conforme doc. anexo.

Ora, face às precárias condições financeiras exaustivamente demonstradas nesta *defesa* e, considerando inexistência de toda a espécie de veículos pesados ou não, para prestar manutenção das estradas municipais, desta forma, houve por bem o Prefeito falecido, em vida, acordar com seu *subprojetos,* no sentido de que usassem seus veículos particulares, para o atendimento à população interiorana colaborando, assim decisivamente para com o Município e sua Administração. Todavia, em contrapartida, seriam ressarcidos, com a devida documentação comprobatória, dos serviços prestados à Municipalidade, no combustível ou por eventuais danificações que viessem a sofrer seus veículos.

Sendo assim, com o objetivo de atender as reivindicações mínimas da população, o acordo celebrado pelo falecido Prefeito com seus subprefeitos fora devidamente mantido, pois não havia outra alternativa.

Entretanto, em 1988, em conseqüência de fortes enxurradas no município, ocasionando danificações de todas as estradas do interior, que não se encontravam com as mínimas condições de trafegabilidade, fez com que os subprefeitos entrassem em ação, usando seus próprios veículos, foi o que aconteceu com o subprefeito, agora também denunciado. Entretanto, desta vez seu veículo não resistiu ao uso constante para o atendimento à coletividade e, conseqüentemente apresentou problemas não só de lataria como também de mecânica. Tratava-se de um veículo Volkswagem Modelo Gol.

Ato contínuo e desesperado por ficar sem seu próprio veículo, o Departamento de Compras do Município providenciou no conserto do mesmo, e pagou o razoável, ou seja Cz$ 25.000.

Contudo, inexistiu com relação ao fato imputado qualquer conduta dolosa, por parte do denunciado.

Assim, demonstrado o propósito de agir regularmente e em benefício da coletividade, decidiu a 1ª Câmara do Tribunal de Alçada Criminal de São Paulo que:

'mesmo em crimes formais, é indispensável a presença de conduta dolosa. Assim, demonstrando o propósito de agir regularmente e em benefício da coletividade, não há que se punir o agente por crime de responsabilidade'. A emenda do acórdão se refere ao fornecimento, por uma Prefeitura, da gasolina para o veículo de um funcionário que usava o mesmo em proveito da própria municipalidade (*in Responsabilidade dos Prefeitos e Vereadores,* Wolgan Junqueira Ferreira).

Ora, tanto é verdade, repita-se, que o próprio Prefeito que sucedeu o denunciado não impugnou o ato Administrativo praticado, cumprindo com o pagamento integral do conserto em 14/07/89, conforme doc. em anexo.

O que se poderia questionar a esta altura seria a permissividade legal ou não do pagamento à Empresa que consertou o veículo da *subprefeitura.*

A jurisprudência tem sido unânime no sentido de que:

'se o procedimento do acusado, embora irregular, foi inspirado no interesse público, não há crime a punir' (TA-CrimSP, RT 445/418, 449/377, 451/425 e 464/365) (*in Direito Municipal Brasileiro*, Hely Lopes Meirelles 1977, p. 908).

Paulo Lúcio Nogueira, em sua obra *Administração e Responsabilidade dos Prefeitos e Vereadores*, destaca que:

'a presunção natural é a de que o administrador público, mesmo quando erra, não age movido por razões pessoais ou subalternas, mas tendo em vista o que lhe pareceu necessário ao interesse da comunidade' (ob. cit., p. 63) (*in Prefeito Municipal Jurisprudência*, p. 151).

Em derradeiro, ratifica o *denunciado*, sua tese de atipicidade penal na legislação comum, referente à sua conduta.

2 - DA LEGALIDADE DO ATO ADMINISTRATIVO PRATICADO PELO DENUNCIADO

Apesar da inexistência de uma legislação atualizada à época, sobre a matéria, presume-se que o então Prefeiro Titular Sr. , em sua vida, posteriormente em 1987, socorreu-se para a prática daquele ato administrativo, do que dispõe a antiga Lei nº 39/76, de 05 de Julho de 1976.

Afora isto, a própria Lei Orçamentária Municipal daquele ano previa tal despesa, combinando com o que dispõe o artigo 60 e seguintes da Lei 4.320/64, que estabelece a possibilidade de empenhos por estimativa. Faculdade esta, que poderia ter sido lesada, a título de antecipação de eventuais despesas por parte de seus subordinados a serviço do Poder Público.

Desta forma, o *denunciado* não feriu as vigas mestras da Constituição de 1988, em seu artigo 37. O conserto do veículo do *subprefeito* originou-se de danos ocasionados na prestação de serviços ao Poder Público, tendo o caráter de legalidade. Não houve, de igual sorte, privilégio pessoal, como pretende configurar a *denúncia*. Pretendeu o *denunciado*, com sua atitude, configurar o princípio da *finalidade*; que em suma consiste no atendimento ao bem-estar da coletividade.

Isto posto, e considerando que o *denunciado* é primário e de bons antecedentes, *requer*, com fundamento na Lei 8.038/90, em seus arts. 1º e seguintes, seja *rejeitada a denúncia*.

Pelos seguintes motivos:

Pela ausência de Tipificação penal na legislação comum, do ato praticado pelo acusado, e pelo conseqüente término do mandato do agente, ocorrido em 1988;

Pela presença do princípio da legalidade, contido no ato administrativo praticado pelo acusado;

Pela presença do interesse público contido no ato administrativo, descrito como irregular na *denúncia.*

O *denunciado* aproveita a oportunidade e junta o Rol de Testemunhas em anexo, cujas intimações desde logo se *requer*, para deporem em audiência a ser designada por V. Exa., caso não seja rejeitada a *denúncia.*

Requer, outrosim, seja oficiado o Município de São Jerônimo, na pessoa de seu Prefeito Municipal, para que informe em Certidão Narrativa, a seqüência de lançamentos efetuados a título de pagamentos à Mecânica, inclusive no ano de 1989.

A *defesa* ainda *requer* a sustentação oral, caso não seja rejeitada a *denúncia*, reservando-se o direito de apreciar o *meritum causae*, na fase das alegações.

Deferimento.

Porto Alegre, 16 de janeiro de 1995.

Assinatura do Procurador".

Face aos argumentos apresentado, a *denúncia* não foi recebida pela 4ª Câmara Criminal, e não tendo havido recurso do Ministério Público, o Processo extinguiu-se.

Contudo, caso a 4ª Câmara Criminal viesse a acatar a *denúncia*, o Processo continuaria em seu rito normal, conforme já mencionado no gráfico da Parte 8, página 75.

Transcrevemos a seguir, a decisão da 4ª Câmara que rejeitou a *denúncia.*

"PROCESSO-CRIME. PREFEITO MUNICIPAL. PECULATO. ABSOLVIÇÃO POR NÃO CONSTITUIR O FATO CRIME EM TESE.
INTELIGÊNCIA DO ART. 6º DA LEI 8.038/90.
VOTO VENCIDO.
QUARTA CÂMARA CRIMINAL

PROCESSO-CRIME SÃO JERÔNIMO
Nº 694182163
VOLTAIRE MISSEL MICHEL, EX-PREFEITO DE SÃO JERÔNIMO DENUNCIADO

A JUSTIÇA AUTORA

ACÓRDÃO
Acordam, em Quarta Câmara Criminal do Tribunal de Justiça, por maioria, julgar desde logo improcedente a acusação, com fundamento no art. 6º da Lei nº 8.038/90.
Custas na forma da lei.
Participam do julgamento, além do signatário os Exmos. Srs. Des. Érico Barone Pires e Wladimir Giacomuzzi, relator.
Des. Wladimir Giacomuzzi
Relator".

Pela extensão do acórdão acima mencionado, torna-se praticamente impossível reproduzi-lo. Entretanto, nunca é demais ressaltar que a 4ª Câmara acatou a tese do denunciado e rejeitou a acusação.

Todavia, creio que por dever de Justiça, necessário ressaltar o posicionamento do Presidente da 4ª Câmara Criminal, Dr. *Luiz Melibio O. Machado*, de quem fui aluno na década de 70, na *Universidade do Vale do Rio dos Sinos*, na cadeira de *Teoria Geral do Processo*. A lucidez, o equilíbrio e sobretudo a demonstração de conhecimentos jurídicos, ao manifestar-se neste feito, indiscutivelmente é motivo de orgulho ao Poder Judiciário do Rio Grande do Sul. Diz o mestre, a certa altura:

"Para mim isso é muito importante porque a minha sensibilidade para esse fator é mais aguçada do que a dos eminentes Colegas, por que estou lá na Justiça Eleitoral, sou Presidente do Tribunal Eleitoral, e esses fatos são por nós devidamente anotados. Lá nós sempre damos muita importância para o contexto em que nascem essas CPIs, em que nascem as acusações, o móvel oculto que leva as pessoa a denunciarem homens públicos, e assim por diante, porque, se não considerarmos isso com muita prudência, podemos ser *manipulados por profissionais de política.* Isso é muito importante! Podemos ser manipulados por credores insatisfeitos, manipulados por adversários políticos de determinados candidatos. Isso é muito perigoso, nós temos que estar muito atentos e ter uma sensibilidade muito especial, que é desenvolvida exatamente ao cabo do trato diário dessas coisas. Então, vem a CPI, vem o inquérito policial e tudo se desencadeia..."

E acrescenta:

"Chegamos num determinado momento e aqui, para mim é que está o dado mais importante, em que, afinal, essa conta é apresentada à Municipalização no valor de Cz$ 65.570,00, mas é autorizado, apenas e tão somente, o pagamento, de parcela de Cz$ 25.000,00. Então, houve um corte radical do crédito apresentado para quase um terço.

Com a experiência que tenho de que jamais a prova do inquérito policial evolui contra o indiciário, do contrário, eu examino isso aqui e não consigo ver como essa prova possa evoluir em sentido diverso."

Ressalta ainda:

"O Delegado não consegue explicar por que ele precisou 6 anos para isso".

E conclui:

"Em princípio, eminentes Colegas, mais uma vez pedindo vênia ao eminente Relator, eu estou em julgar, desde logo improcedente a acusação, por entender inviável a denúncia fundada na prova que trouxe".

O leitor percebe, portanto, que a manifestação do Dr. Luiz Melíbio O. Machado é de uma clareza total, porquanto atingiu o nó górdio da questão, pois a matéria a que fora denunciado o Réu tinha raízes verdadeiramente políticas.

Contudo, após a sustentação oral naquele julgamento, não podemos deixar de mencionar a manifestação, embora sucinta do Desembargador Érico Barone Pires, que assim manifestou-se:

"Sr. Presidente, ouvi atentamente os votos da V. Exa. *e me impressionei com a sustentação oral do próprio acusado"*.

Logo, estava concluído mais um Processo a que nos submetemos, de forma injusta. Tal acusação e conseqüente absolvição, acrescentando-se as irregularidades sucintas pelo Tribunal de Contas, levaram-nos a publicação desta obra.

10. Conclusão

Tivemos por objetivo levar ao conhecimento do leitor as experiências vividas na Administração Pública, especialmente a de Prefeito Municipal.

Esta tarefa não é um ponto final dos assuntos tratados, pois percebemos que em muitas Comarcas do interior, os Promotores estão usando como remédio contra a improbidade pública a lei, com todo um rito especial de procedimento.

Verificamos também, que em alguns casos há Promotores socorrendo-se daquela legislação e requerendo o afastamento do cargo de determinados Prefeitos, por atos de improbidade administrativa.

Entretanto, acreditamos que os assuntos abordados naqueles pedidos fornecidos pelo Ministério Público terão ainda muitos desdobramentos, que só o tempo e as decisões judiciais dirão qual o rumo a seguir. Até lá caberá ao Poder Judiciário, com seu equilíbrio, ditar os rumos.

A vida pública propicia, por vezes, muitos momentos de satisfação, mas também deixa rastros de tristeza e, sobretudo, injustiça.

É indiscutível que cada vez mais o povo deve estar consciente na escolha de seus administradores.

Não se afirma que a política deve ser elitizada, com a escolha de candidatos de melhor nível cultural, mas também não se pode ir ao extremo, em deixar que os totalmente despreparados venham a ocupar a função pública.

Sempre ressaltamos, em todas as oportunidades que nos foram oferecidas para pronunciamento sobre as tarefas de Administração da coisa pública, que "não é uma falsa afirmação, pois é nas mãos do Vereador que se decidirá por vezes, não só o futuro do Município, mas indubitavelmente, a própria pessoa do Prefeito". Ressalte-se por exemplo, na aprovação ou rejeição das contas municipais.

A aprovação ou rejeição das contas municipais, pela Câmara deve estar embasada em laudos, pareceres, e toda a sorte de provas que possam levar o Vereador a uma conclusão consciente do que e como deve ser aprovada a referida matéria.

Concluo, com *Thiago de Mello* (1978), citado na obra de João Baptista Herkenhoff, *Para onde vai o Direito.* Porto Alegre: Liv. do Advogado, 1996, p. 125:

> "Pois aqui está a minha vida,
> pronta para ser usada.
> Vida que não se guarda
> nem se esquiva, assustada.
> Vida sempre a serviço da vida.
> Para servir ao que vale
> a pena e o preço do amor."

O homem público, na maioria das vezes, põe sua vida em favor da comunidade, com muito amor.

Esperamos ter colaborado, com o leitor, pois nas modestas linhas desta obra, procuramos demonstrar, com sinceridade, o que depreendemos das agruras advindas do exercício da função pública.

Muitos desafios ainda têm os Prefeitos, especialmente no que diz respeito à municipalização da saúde, educação, etc.

Efetivamente, ainda acreditamos na *democracia* como forma de sustentáculo da soberania nacional.

Contudo, *democracia* e *soberania nacional* caminham de mão dadas, sob a supervisão da *educação* de nosso povo.

A *democracia* jamais será concretizada em definitivo, sem que o País aprimore seu aparato *educacional.* Já se disse que povo sem Parlamento é povo *escravo,* todavia, acrescentamos, que povo sem *educação* ou com *educação precária,* é povo *escravo e corrompido.*

Finalmente, aconselhamos: vá em frente, seja Prefeito, pois ainda vale a pena, é uma *honrosa missão,* porém *difícil.*

Av. Plínio Brasil Milano, 2145
Fone 341-0455 - P. Alegre - RS